Marketing en Redes Sociales

Secretos y Estrategias de Facebook, Instagram, YouTube, Twitter y Snapchat. Construye tu Marca Personal, Conviertete en Influencer y Gana Dinero con tu Audiencia.

Por

Steven Sparrow

Tabla de Contenido

Introducción 8

Capítulo 1: Por qué las Redes Sociales Están Posicionandose el Primer Puesto Durante la Creación de Negocios Online 10

    Construye Awareness. 12

    Usted Controla su Imagen. 13

    Muestre Autenticidad. 14

    Aliente el Engagement. 15

    Proporcione Apoyo. 16

    Llegue a Conocer a su Público Objetivo. 16

    Usted está en sus Mentes. 17

    No Requiere de una Gran Inversión. 18

    No es Difícil Aprender a Usarlas. 18

Capítulo 2: Convertirse en un Influencer 27

    Los Secretos para Ser un Influencer 29

    La Importancia de Mantener la Marca 33

Errores a evitar definitivamente con los Influencers 36

Trabajando con los influencers 41

Capítulo 3: Comenzar un Negocio en las Redes Sociales...43

Encontrar su Nicho (y su Mercado) 43

Encontrar y Mantener su Base de Clientes 45

Iniciando en las Redes Sociales........................47

Su Perfil..52

Entendiendo las Palabras Claves 53

La Importancia de la Consistencia y el Tono. ..54

Capítulo 4: Monetice su Audiencia 57

Capítulo 5: Marketing de Facebook 62

Su Pagina de Facebook....................................63

Ganando Más Me Gusta 68

Creando un Grupo de Facebook......................69

Tienda de Facebook...70

Messenger 72

  Chat Bots 74

Capítulo 6: Anuncios de Facebook 75

  Encontrando su Objetivo 76

  Tipos de Anuncios 79

  Ventas para su Servicio o Producto 79

  Tráfico para su Sitio Web 80

  Me Gusta y Engagement 81

  Creando un Gran Anuncio 82

  Usando lo que Tiene en Múltiples Plataformas 84

Capítulo 7: Marketing de Instagram 86

  Cómo usar Instagram 88

Capítulo 8: Marketing de Twitter 98

  Cómo Usar su Twitter 100

Capítulo 9: Marketing de YouTube 108

  Algunos Consejos Básicos 116

  Tipos de Videos 117

  YouTube Analytics 118

Capítulo 10: SnapChat 120

    Cosas a Considerar 125

Capítulo 11: Marketing de Pinterest 127

    Usando Pinterest 129

    Algunos Consejos que Recordar 132

Capítulo 12: Cosas para Recordar 134

    ¿Cuáles son las Cosas Más Importantes para Recordar? 134

    Conclusión 139

© **Copyright 2019 por Steven Sparrow- Todos los derechos reservados.**

El siguiente libro electrónico se reproduce a continuación con el objetivo de proporcionar información lo más precisa y confiable posible. En cualquier caso, la compra de este libro electrónico puede considerarse como un consentimiento al hecho de que tanto el editor como el autor de este libro no son expertos en los temas tratados y que cualquier recomendación o sugerencia que se haga aquí es solo para fines de entretenimiento. Se debe consultar a los profesionales según sea necesario antes de emprender cualquiera de las acciones aprobadas en este documento.

Esta declaración se considera justa y válida tanto por la Asociación de Abogados de los Estados Unidos como por la Asociación del Comité de Editores y es legalmente vinculante en todo Estados Unidos.

Además, la transmisión, duplicación o reproducción de cualquiera de los siguientes trabajos, incluida información específica, se considerará un acto ilegal, independientemente de si se realiza de manera electrónica o impresa. Esto se extiende a la creación de una copia secundaria o terciaria del trabajo o una copia grabada y solo se permite con el consentimiento expreso por escrito del Editor. Todos los derechos adicionales reservados.

La información en las siguientes páginas se considera en general como una cuenta veraz y precisa de los hechos y, como tal, cualquier falta de atención, uso o mal uso de la información en cuestión por parte del lector rendirá cualquier acción resultante únicamente bajo su alcance. No hay escenarios en los que el editor o el autor original de este trabajo pueda ser considerado responsable de cualquier dificultad o daño que pueda ocurrir después de realizar la información descrita en este documento.

Además, la información en las siguientes páginas está destinada solo para fines informativos y, por lo tanto, debe considerarse universal. Como corresponde a su naturaleza, se presenta sin garantía de su validez prolongada o calidad provisional. Las marcas comerciales que se mencionan se realizan sin consentimiento por escrito y de ninguna manera pueden considerarse un respaldo del titular de la marca.

Introducción

Felicitaciones por descargar *Marketing en Redes Sociales 2019* y gracias por hacerlo.

Los siguientes capítulos discutirán la importancia del marketing en redes sociales y su impacto en el mundo moderno de los negocios. Le brindará algunas estrategias y consejos útiles sobre cómo implementar las redes sociales en su propio negocio.

Las redes sociales son ahora una constante en nuestra vida cotidiana. Son usadas por casi todas las personas.

Si tiene un negocio en el mundo de hoy, y si aún no se ha metido en las redes sociales, pues ahora es el momento ideal. Es una adición valiosa para cualquier negocio, una manera brillante de llegar a los clientes. Y lo mejor es que todo es 100% gratuito.

Tenga esto en cuenta, no hay juego de palabras:

En el mundo, ahora hay más de 3 mil millones de personas que usan las redes sociales, un 13% más que el año pasado. De estos más de 3 billones de personas, todos usan las redes sociales al menos una vez al mes. El estadounidense promedio las usa por poco más de 2 horas al día.

Con todos en las redes sociales, su negocio también debería estarlo. El 75% de los vendedores informan que al aumentar su trabajo en las redes sociales, su tráfico ha aumentado. El 50% dice que sus ventas han mejorado. Más de un tercio de las personas que usan las redes sociales lo hacen para obtener más información sobre un producto.

Crear su propia marca personal en las redes sociales es especialmente importante. Debe asegurarse de tener una marca ganadora para conectarse realmente con sus clientes. Este libro le ayudará a hacerlo.

Hay muchos libros sobre este tema en el mercado, así que gracias de nuevo por elegir este. Se hicieron todos los esfuerzos para garantizar que esté lleno de la mayor cantidad de información útil posible. ¡Por favor, disfrutelo!

Capítulo 1: Por qué las Redes Sociales Están Posicionandose el Primer Puesto Durante la Creación de Negocios Online

Mantengámoslo lo más simple posible: su negocio necesita una presencia online y, lamentablemente, un sitio web personal no es lo suficientemente bueno.

No importa mucho que tipo de negocio tenga. Su negocio podría ser una pequeña tienda local con solo 200 clientes al día o una gran cadena de cafeterías internacional multimillonaria, sea cual sea su negocio, necesita estar en algún tipo de red social. Usted podría ser un profesional independiente con 3 clientes o un jefe que regularmente paga miles de dólares en empleos; todos los que tienen un negocio y buscan ganar más dinero necesitan una página en redes sociales.

Es una parte esencial de cualquier estrategia de negocios, y si aún no es parte de la suya, pues ahora es el momento de incluirla. Si bien hay muchas personas que no usan las redes sociales, ese número se hace más y más pequeño cada día, ya que más y más personas se registran para obtener una cuenta.

En la última década, el panorama de Internet ha cambiado drásticamente, y la mayor parte de este cambio se debe a las redes sociales. Como resultado, se han convertido en una herramienta para marcas y negocios, abriendo las puertas para cambiar su relación con el público, comprometerse con su base de clientes y aumentar las ventas.

Tenga esto en cuenta: las empresas pueden tener éxito sin las redes sociales. Pueden obtener ganancias, e incluso quebrar. Pero si desea seguir creciendo, si desea mejorar constantemente sus ventas y ganar más dinero, si desea mejorar su relación con sus clientes y relacionarse con ellos mientras que al mismo tiempo no gasta demasiado dinero, las redes sociales son una gran manera de hacer esto.

Además, no se olvide, a medida que más y más personas en el mundo ingresan a las redes sociales, más y más personas esperarán poder encontrar sus negocios y marcas favoritas online. Querrán comunicarse con usted, saber acerca de su producto y querrán saber si a usted esto le importa. Hacer que sus clientes se sientan conectados con usted ayudará a aumentar sus ganancias porque se sentirán conectados al producto que están comprando.

Entrar en el marketing de redes sociales puede ser difícil y abrumador. Puede sentirse como un gran proyecto gigante, y con frecuencia los dueños de negocios, debido a este sentimiento, deciden que no vale la pena.

Pero lo vale. 100% vale la pena.

Y he aquí el por qué.

Construye Awareness.

Es ahora una parte de la vida: la gente habla sobre lo que están haciendo en las redes sociales. Todo, desde donde trabajamos, qué comemos, dónde estamos de vacaciones, qué vestimos, con quién estamos saliendo, a dónde nos gusta ir, qué nos gusta, dónde vivimos, todo está disponible online. Cuando alguien pone algo en las redes sociales, los 500 amigos más cercanos pueden verlo. Si 10 de estos amigos comparten lo que han publicado, los 500 amigos más cercanos lo ven. Eso suma hasta 5.500 personas que ven la publicación original, y no se detiene allí. La gente sigue compartiendo su publicación, y más y más personas la ven y aprenden sobre su compañía.

El consumidor promedio habla de marcas con sus familiares, amigos y compañeros de trabajo unas 90 veces a la semana. Aún mejor, el 50% de las personas que buscan realizar una compra, la han realizado todo gracias a una recomendación realizada en las redes sociales. Piénselo: la mitad de la población en las redes sociales ha realizado una compra gracias a las redes sociales. Al participar activamente en las redes sociales, está trayendo más gente a su página, a su empresa, a sus productos y a más ganancias.

No se trata solo de visitas locales. Las redes sociales le brindan la oportunidad de difundir el conocimiento en todo el mundo y tomarlo internacionalmente si así lo desea. Digamos que tiene un negocio de colchones; bueno, a través de una simple publicación en Instagram, ¡podría obtener una comisión de la mitad de las personas alrededor del mundo! Si usted es una tienda de café que hace una bebida o pastelería especial, enviar un tweet sobre esto podría hacer que alguien venga a su cafetería solo por la única razón de probarlo.

Usted Controla su Imagen.

Al poner su propio nombre ahí afuera, usted controla una buena cantidad de lo que el público ve y escucha acerca de usted. Piénselo de esta manera: ¿qué obtiene cuando busca en Google la palabra "McDonalds"? Obtendrá una lista de ellos cerca, su sitio web y, lo más importante, sus páginas de redes sociales, específicamente su twitter y Facebook. Si McDonald's no tuviera presencia online, ¿qué aparecería?

Bueno, probablemente obtendría algunos artículos que critican su comida, algunas publicaciones y comentarios de redes sociales descontentos, y quizás una o dos críticas positivas. Por supuesto, cuando escribe "McDonalds" en Google, usted no obtiene esto, porque McDonald's tiene un sitio web y páginas de redes sociales, que controlan esa primera búsqueda de Google. Ellos controlan las primeras cosas que ves sobre la empresa.

Usted también puede hacerlo. Si tiene una página de Facebook, lo más probable es que cuando busque en Google el nombre de su empresa, eso sea lo primero que aparecerá. Como resultado, esto será lo primero en lo que su cliente potencial hará clic, lo que significa que usted controla absolutamente todo lo que ven sobre usted.

Muestre Autenticidad.

La gente quiere ver lo que hay detrás de la pantalla. Quieren saber quién es usted, qué hace y quieren sentir que saben quién es. Las redes sociales le dan la capacidad de humanizar realmente su marca y hacer que se sienta como si hubiera personas reales en ella. Todos hemos visto estos anuncios de varias compañías que muestran que sus empleados realmente funcionan, y esto se debe a que le da a la compañía un sabor de realismo. De repente, ya no es una corporación que busca hacer más ventas: es un negocio que emplea a personas, que se preocupan por su comunidad y se esfuerzan por asegurarse de que cada producto sea increíble. Usted es auténtico y la gente quiere comprarle.

Aliente el Engagement.

El engagement es el acto de comunicarse con alguien en las redes sociales, a través de Comentarios, Me Gusta y Compartir. En las redes sociales, esto es esencial para la comunicación con sus seguidores.

Una empresa que se relaciona con su base de clientes realmente bien, es una compañía de belleza llamada Lush. Si nunca ha oído hablar de ellos, fabrican productos naturales para la piel y el cabello, y su equipo de redes sociales es brillante. Escriba el hashtag "Lush" en cualquier barra de búsqueda en casi cualquier página de las redes sociales, y obtendrá cientos de miles de videos de personas que se lanzan en bomba al agua, que muestran imágenes de ellas con máscaras de barro y publicaciones extensas que describen los efectos que han tenido en su piel o cabello. Esto se debe a que Lush, a menudo, plantea preguntas a sus seguidores y los alienta a publicar fotos y usar los hashtags que recomiendan en sus páginas.

Esto hace que su audiencia se sienta activamente involucrada con la empresa y en la creación de productos Lush. Al darles a sus seguidores una visión más cercana de su empresa y darles cosas que hacer, los alienta a involucrarse con quién es usted. Está abriéndoles la puerta a su mundo y sienten que son parte de lo que usted es.

Proporcione Apoyo.

Cualquiera que haya pasado por el horror llamando servicio al cliente, puede comprender lo frustrante y agotador que puede ser. Esto es especialmente irritante cuando su problema es algo que podría resolver fácilmente si solo le proporcionaran la información de manera rápida y fácil. Si bien este problema se puede resolver con una simple sección de preguntas y respuestas en su página de Facebook o sitio web, también puede responder las preguntas de sus clientes directamente en la sección de comentarios, o incluso enviarles un mensaje directamente. Tiene todos los beneficios de llamar pero sin la frustración que normalmente se puede sentir. Solo asegúrese de que cuando esto suceda, responda rápidamente.

Llegue a Conocer a su Público Objetivo.

Las únicas personas que realmente lo seguirán online son las personas que realmente están interesadas en usted como compañía y en sus productos. Ellos serán los que creerán en su mensaje, y activamente estarán usando o queriendo usar sus productos. Esto resulta ventajoso: realmente puede saber exactamente a quién le está vendiendo y también exactamente qué quieren sus seguidores de usted. Muchos sitios web de redes sociales, incluidos Twitter e Instagram, ofrecen la opción de hacer encuestas a sus seguidores, lo que es genial. Puede ofrecer dos servicios o productos diferentes y conocer exactamente lo que desean y piensan sus clientes.

Usted está en sus Mentes.

En las redes sociales, puede publicar 10 veces al día o 100 veces al día. No hay un límite, aunque tenga en cuenta que publicar 100 veces al día puede ser una exageración, y hay una cantidad específica de veces que debe publicar todos los días para lograr un compromiso positivo para su empresa. Al publicar y comprometerse con sus seguidores de manera consistente, lo mantendrá siempre en sus mentes.

Si vende ropa y uno de sus seguidores está buscando comprar ropa, si inician sesión en su página de Facebook y ven que tiene un nuevo envío, ¿a dónde cree que irán? Al no perder nunca la oportunidad de recordarles quién es y qué hace, automáticamente comenzarán a asociarlo con cualquier producto que esté vendiendo. Solo piénselo: ¿cuántas veces ha visto un anuncio de un tipo de café, o cualquier otro tipo de producto, antes de estar en el supermercado, necesitar café o ir a comprarlo porque piensa que es lo que necesita?

No Requiere de una Gran Inversión.

La economía está en el centro de cada problema en el mundo de hoy y en cada conflicto y cada negocio. La pregunta número uno en la mente de todos al final del día es: ¿podemos pagar por ello? Esto es especialmente cierto en los negocios, donde el equilibrio es lo más importante al final del día y cómo sobrevivirá su negocio.

Las campañas de marketing en las empresas son bastante comunes; las grandes empresas siempre tienen al menos una persona a cargo de los anuncios. Pero también pueden ser muy costosos, y las cuentas pueden sumarse muy rápido. Las pequeñas empresas a menudo no pueden costearlos. Por eso las redes sociales son tan valiosos para las pequeñas empresas. Son baratas, y aún mejor, no toma mucho tiempo. Después de todo, el tiempo es dinero.

Si aprende a usar las redes sociales de una manera que sea valiosa y efectiva, puede hacer lo mismo que haría con una gran campaña de marketing de mil dólares por una fracción del costo.

No es Difícil Aprender a Usarlas.

Sí, las redes sociales pueden sentirse increíblemente abrumadoras, especialmente si es alguien que es mayor y no creció con eso. Afortunadamente, no es demasiado difícil involucrarse en ello. No, en realidad, puede parecer algo complicado, y definitivamente hay un sentimiento de "necesito prepararme por semanas o meses", pero en realidad es bastante simple. Con un poco de tiempo y algo de paciencia, junto con la ayuda de este libro, puede convertirse en un maestro en ello.

Hoy en día, la mayoría de las personas usan las redes sociales en sus teléfonos, por lo que también usted puede hacerlo. Literalmente, puede actualizar su feed a medida que avanza con su día, directamente desde su teléfono. Hay aplicaciones para cada una de las formas de redes sociales que se mencionan en este libro. ¡Algunas son solo aplicaciones y no tiene forma de usarlas desde un pc de escritorio!

Lo más importante que debe recordar acerca del marketing en redes sociales es que no van a desaparecer. Las redes sociales están aquí para quedarse, por lo que el mejor momento para entrar es ahora. No, en serio, ahora mismo. Cuanto antes salga su negocio con una estrategia de redes sociales bien pensada que represente su marca de una manera positiva y memorable, será mejor.

Primero, por supuesto, necesita averiguar qué sitio de redes sociales funciona mejor para usted.

Su primer pensamiento seguramente será ingresar al sitio de redes sociales más popular, seguido rápidamente por el mayor número posible de personas. No. Esta es una mala idea. Si recién está comenzando, morder más de lo que puede masticar es un gran error. Todo lo que hace es dirigirlo directamente a sentirse inadecuado y abrumado. También puede ser malo para su negocio.

Si bien, sí, tiene sentido acceder a los sitios web de redes sociales más populares y utilizar el mayor número posible de ellos; cada sitio web de redes sociales está dirigido a un grupo demográfico diferente. Es posible que no encuentre su base de clientes ideal si está en el lugar equivocado.

Tampoco es una buena idea saltar directamente a todas las plataformas de redes sociales cuando está empezando. ¿Comenzaría a tocar Beethoven la primera vez que se sienta en un piano? No, comenzaría con una canción simple como "Twinkle Twinkle Little Star".

No hay vergüenza en dar un pequeño paso, especialmente cuando intenta algo nuevo. Un buen y fácil primer paso en el marketing de las redes sociales es descubrir exactamente lo que quiere de ellas y, como resultado, descubrir la combinación perfecta.

Use la siguiente información para ayudarse. Esta es una lista completa de las redes sociales disponibles, ordenadas por sus números de usuarios, con una pequeña idea de cómo funcionan y por qué podrían ser la mejor opción para su negocio.

Facebook : Facebook es el rey de los reyes cuando se trata de las redes sociales, a menudo considerado el padre de todas las redes sociales (MySpace sería el abuelo). Facebook apareció en ese momento justo cuando las redes sociales estaban a punto de alcanzar su ritmo, lo que significa que muy rápidamente se hizo muy popular, un hecho que aún sigue en pie. Actualmente, Facebook tiene 2.200 millones de usuarios activos, ¡casi un tercio de la población mundial! También es el sitio web que realmente no puede ignorar como vendedor. Es fácil aprender a manejarlo y, el hecho de que siempre se adapte a las necesidades de sus usuarios, hace que sea inestimable.

En cuanto a qué tipo de empresas deberían usarlo, realmente todos tienen un lugar en Facebook. En este momento hay más de 65 millones de páginas de negocios en Facebook, y esto se debe principalmente a que es fácil de usar, además de tener muchas valiosas características. Casi todos los formatos de contenido que pueda pensar funcionan en Facebook, incluidos texto, fotos, videos en vivo e historias. ¡Incluso puede usar su servicio de mensajería como publicidad! Facebook es ideal para cualquier tipo de negocio, pero si está tratando de apuntar más a los adolescentes, su interés se ha enfriado en los últimos años, con solo la mitad de ellos utilizando el servicio con regularidad. Pero el 80% de los millennials todavía están en la plataforma.

YouTube: una plataforma para compartir videos donde puede pasar horas y horas mirando videos de gatos es YouTube. Tiene casi 2 mil millones de usuarios activos y ese número sigue aumentando. También es uno de los motores de búsqueda más grandes online, superado solo por su propietario Google. Todo lo que se necesita para iniciar un canal es hacer un video corto, subirlo y boom; a sus suscriptores les puede gustar, lo pueden comentar y compartir al mismo tiempo.

YouTube es ideal para personas influyentes que desean revisar productos y hablar sobre sus experiencias con diferentes personas y empresas. También es ideal para videos de instrucciones y tomas entre bastidores. Si fabrica utensilios de cocina, puede publicar tutoriales sobre cómo usar sus ollas y sartenes correctamente. Si vende verduras, podría mostrar todo el proceso de cómo cultivarlas y mantener entrevistas con sus empleados. Los videos son especialmente efectivos en las redes sociales, pero recuerde que puede tomar una milla extra de su esfuerzo. ¿Vale la pena? Eso realmente depende de usted.

Instagram: una popular aplicación para compartir fotos, cuenta con más de 400 millones de usuarios activos. A menudo se utiliza para publicar información sobre comida, moda, viajes, arte y estilo de vida. Tiene varias características diferentes, todas las cuales son relativamente fáciles de usar, incluidas historias y videos en vivo. También ha lanzado recientemente IGTV, que es similar a YouTube, para videos más largos.

Si bien aún queda por ver qué hará IGTV por la aplicación, Instagram como plataforma para compartir fotos es genial. Si su marca es muy visual, como un artista o modelo, Instagram es una excelente manera de mostrar su trabajo. También es ideal para los blogs de viajes, moda y comida, pero recuerde que es una aplicación. Desafortunadamente no puede usarlo desde una computadora normal.

Twitter: como canal de medios sociales con 330 millones de usuarios activos, Twitter se centra en ser de "tiempo real". Como en lo que está sucediendo justo en este momento en noticias, deportes, política y entretenimiento. También se permiten solo 280 caracteres por publicación, lo que puede ser un factor decisivo para algunos, pero en realidad funciona en beneficio de su negocio. La gente responde bien a los mensajes cortos, y es más probable que se compartan.

Twitter es el que realmente comenzó la idea de servicio al cliente a través de las redes sociales. Las celebridades y las compañías comenzaron a usar Twitter como una forma de comunicarse más directamente con sus fanáticos, y como resultado, más fanáticos fueron a Twitter para hablar con ellos. Hoy en día, más del 80% de las solicitudes de servicio social al cliente tienen lugar en Twitter. A algunas personas, por supuesto, no les gustará la idea de estar limitado a 280 caracteres, y el hecho de que tenga que publicar constantemente a lo largo del día puede ser un poco agotador, pero es un trabajo que puede valer la pena.

Snapchat: el creador del formato de "historia", un video corto y rápido que desaparece después de cierto tiempo, Snapchat cuenta con 250 millones de usuarios activos. El concepto es enviar imágenes y videos, generalmente con garabatos, escrituras y filtros tontos, agregándolos a su "historia" para que sus amigos puedan verlos. Si bien hay algunos informes de que los usuarios de Snapchat han caído, sigue siendo muy popular entre los adolescentes y adultos jóvenes.

Las personas de 18 a 24 años representan el 45% de la plataforma y el 76% de los adolescentes estadounidenses utilizan Snapchat. Si su producto está dirigido específicamente a una generación más joven, probablemente sea una buena idea considerar al menos usar Snapchat. La disminución del uso de Snapchat se debe principalmente al hecho de que otras plataformas de redes sociales importantes, como Instagram, Facebook e incluso YouTube, han comenzado a incluirlo en su fórmula, que la gente ha comenzado a usar.

Pinterest: Pinterest es el lugar para inspirarse, encontrar ideas y, lo más importante, guardar esa inspiración y estas ideas para que las encuentre más adelante. Aún mejor, puede organizarlos en carpetas y tener docenas de carpetas dedicadas a proyectos que definitivamente va a realizar un día. Se jacta de tener 200 millones de usuarios mensuales, lo que parece significativamente más bajo que otros en esta lista, pero no lo descarte. Tenga en cuenta esto: Pinterest es el sitio de redes sociales con la segunda mayor influencia sobre las compras de las personas, después de Facebook.

Pinterest es específicamente un lugar para buscar ideas, lo que significa que la gente quiere ver nuevas marcas para probar su feed, con el 93% de los usuarios, casi todos, usándolo para buscar específicamente nuevos productos que probar. Si vende muchos productos diferentes (o varias versiones del mismo producto) Pinterest es un gran lugar para ordenar todo lo que tiene. Y, si tiene un blog o sitio web de Mill of Mill, es una excelente manera de atraer más tráfico a su sitio web, sin importar qué tipo de artículos esté usando.

Capítulo 2: Convertirse en un Influencer

Esto es lo bueno de ingresar a las redes sociales en este momento: hay alguien por ahí, en algún lugar, que ha cometido los errores que usted no tiene que cometer. Puede aprender, no solo de sus propios errores, sino también de los de ellos. Al consultar otras páginas de negocios e influencers, puede ver qué funciona y qué no funciona.

Los influencers tienen particularmente esta idea como una ciencia. Se están volviendo cada vez más populares en los últimos años, y son una valiosa opción para agregar a su plan de negocios.

Tenga en cuenta que puede utilizar la información proporcionada anteriormente para actuar como un Influencer de su empresa. Mucha de esta información también se puede aplicar a las páginas de negocios, en cualquier plataforma de redes sociales.

¿Qué son los influencers y por qué de repente son tan populares entre las empresas?

Los influencers son personas seleccionadas por empresas con grandes seguidores en las redes sociales y mucha "influencia" sobre estos seguidores. Se les paga para hacer publicaciones en las redes sociales, generalmente en forma de una recomendación o experiencia positiva de un producto, a sus grandes seguidores. Como resultado, lo siguiente suele ser que las personas van detras del producto gracias a esta recomendación, y lo compra.

Algunas de estas personas pueden ganar miles de dólares con una simple foto de Instagram o un tweet de 100 caracteres.

Los influencers son una importante adición a considerar porque los consumidores en realidad están perdiendo confianza en las empresas y marcas en las que compran, llegando a menos del 10% de la población que confía en ellos. No solo eso, sino que las tasas de clics de las campañas publicitarias están disminuyendo.

Aquí es donde entran los influencers. Al decirles a sus miles o millones de seguidores que compren el producto, muchos de ellos probablemente lo harán porque ven que el influyente lo está usando. Los influencers se han convertido en maestros en hacer que sus seguidores se sientan como sus amigos, y en realidad pueden aumentar los ingresos con una simple recomendación o un código de cupón. La gente confía en las personas que les agradan, y ¿quién sigue a alguien que no le agrada?

La mayoría de las personas influencers no le cobrarán mil dólares por publicación, su precio dependerá de su número de seguidores y la cantidad de participación que reciban por cada publicación. A menudo son una opción considerablemente más barata de pagar por publicidad a gran escala, por lo que pueden ser una inversión valiosa si así lo eligen.

Para utilizar a los influencers en todo su potencial, primero debe comprender exactamente cómo funcionan y cómo hacen lo que hacen. También puede aprender mucho de ellos en términos de cómo administrar su página de negocios: tomar ideas de las cuentas que admira nunca es una mala idea.

Los Secretos para Ser un Influencer

Para empezar, los influencers tienen mucho cuidado de elegir los productos en los que creen y por lo que les apasiona.

Si bien hay algunos que se asociarán con cualquier persona que arroje dinero en efectivo a su manera, la mayoría no lo hace. A menudo, solicitarán muestras del producto, de modo que puedan asegurarse de que están recomendando algo que saben que es excelente. No quieren que sus seguidores piensen que han recomendado un mal producto. También elegirán un nicho que les apasiona, y definitivamente debe asegurarse de que se alinee con el suyo. (Hay más información sobre esto en el capítulo 3).

Todo sobre su perfil es importante para enganchar a las personas. La biografía, sus publicaciones, su foto de perfil, todo sobre su perfil debe mostrar lo mejor de lo mejor. También son muy cuidadosos para asegurarse de que se puede relatar. Que la persona al otro lado de la pantalla pueda visualizarlos en esa situación.

Piense en ello casi como una revista de modas: en una revista de modas, muestra constantemente a personas hermosas con estándares de belleza inalcanzables, que a menudo usan la ropa de una forma completamente impráctica para el uso diario. Lo que hacen los influencers online es tomar estas prendas y mostrar cómo las usaría una persona normal. Tome cualquier producto, aplíquelo con la misma idea y obtendrá el mismo resultado.

Ellos son un punto muy importante cuando de comprometer a sus seguidores se trata. Responden sus preguntas, sus comentarios, y con frecuencia hacen encuestas en sus perfiles. Les dicen a sus fanáticos que usen ciertos hashtags y les dan bonos especiales si lo hacen. Para un buen influencer, su objetivo número uno es no solo ser relacionado, sino también mostrar que estas cosas son posibles. Quieren sentirse reales, no una fachada inventada, sino una persona real detrás de la pantalla que hace todas las cosas con las que el seguidor ha soñado.

Una buena forma en que los influencers hacen esto es ser genuino. Comparten historias, cositas de sus vidas, siempre asegurándose de que sus seguidores tengan una visión profunda de quiénes son y qué representan. A menudo hablan de cosas como las inseguridades y sus luchas. Si de alguna manera pueden incluir un producto o un código de cupón en eso, aún mejor. Piensa en esa modelo de moda otra vez, solo que esta vez está hablando de sus inseguridades.

También tienen cuidado de no llegar muy a lo personal. Todo lo que los influencers publican que resulta ser personal es cuidadosamente cultivado y siempre coincide con su marca. Ser un influencer tiene que ver con la imagen, la fachada cuidada e inventada de ser perfecto pero no demasiado perfecto. Entienden que al final del día, a sus seguidores realmente no les importa mucho. La gente los sigue por las ideas, por la inspiración, no por su vida real.

Si un influencer es un blog de comida, y las publicaciones sobre el fallecimiento de su perro, cuando el perro no ha tenido nada que ver con el blog de ninguna manera, pueden conllevar a un porcentaje de abandono. Ahora, si el perro ha sido mencionado en la página de redes sociales y ha sido una presencia constante, eso es completamente diferente. Al final del día, solo recuerde para qué sirve su página: promocionar su negocio.

Saben exactamente qué son y cuál es su mensaje. Esto es un error que muchas empresas y personas influencers cometen. No saben exactamente cuál es su mensaje y qué intentan hacer con sus páginas. Los influencers suelen elegir un tema que resuene con ellos, algo de lo que disfrutan hablar y que no les importa que sea toda su vida. Usted debería sentirse apasionado por su negocio y marca para que realmente resuene con sus seguidores. Si no le importa su marca, sus seguidores tampoco.

Ellos hacen planes. Los influencers a menudo planean sus publicaciones días o semanas antes y eligen cuidadosamente la mejor hora del día para publicar junto con hashtags y filtros para las fotos que estén usando. Hacen un punto para revisar cada publicación, se aseguran de que se agregue al tema de su página de redes sociales y se dedican a asegurarse de que solo publiquen las cosas que sus seguidores desean ver.

Los influencers se desviven para asegurarse de que conocen su propia plataforma de redes sociales por dentro y por fuera. Un buen influencer está buscando constantemente nuevas ideas sobre qué hacer en términos de hashtags, filtros y nuevas formas de llegar a nuevos seguidores, comprometer a sus seguidores actuales y encontrar más personas para que conozcan su marca. Su negocio debería estar haciendo esto también.

Los influencers a menudo siguen a las personas que admiran y miran sus ideas. Esta es realmente la forma en que muchos de ellos comienzan a influir, observando a otras personas online haciendo lo mismo. Los negocios deben seguir este modelo y recuerde que hay alguien por ahí que ya ha intentado lo que quiere probar. Ya saben que es un error y qué no lo es.

Si hay un influencer cuya marca es similar a la suya, tómese un tiempo para mirar su perfil. También puede elegir negocios que sean casi iguales y buscar ideas. Tome nota de la frecuencia con la que publican, el tipo de publicaciones que realizan, los hashtags que utilizan. Piense en ello casi como una investigación de mercado: en realidad, no, eso es exactamente lo que es.

La Importancia de Mantener la Marca

La consistencia es valiosa en cada etapa del negocio. De acuerdo con el valor del producto, de acuerdo con la forma en que se encuentra el producto y, en términos de publicidad, de acuerdo con su marca. Las redes sociales no son diferentes.

Si bien publicar con frecuencia y según lo programado es muy valioso, su marca y su mantenimiento son insustituibles. Permite que su marca se desarrolle a partir de su plataforma original, mientras que cambiar su marca una y otra vez significa que comienza de nuevo con la base, cada vez.

Puede traducirse en que sus seguidores no saben realmente lo que representa, diciéndoles que incluso ustde no lo sabe. Si no saben lo que defiende, no pueden tener un interés realmente apasionado e invertir en lo que hace. Es por esto que es importante encontrar el equilibrio perfecto entre ser coherente y sorprender a sus seguidores, manteniéndolos interesados en su página.

Hay una gran cita de un hombre llamado Alexis Nasard, quien también es el ex director de finanzas de Heineken, una compañía cervecera holandesa: "al final del día, el secreto es ser consistente pero no previsible".

Básicamente, esto significa que, sí, sorprender a sus seguidores y mantenerlos entretenidos es importante; es igualmente importante asegurarse de que eso hace que lo que ya tiene sea aún más rico.

Si aún no sabe cuál es su marca, esto es definitivamente importante. Hay una sección sobre esto en el capítulo 3, sobre cómo averiguar exactamente cuál es su marca, su nicho y su público.

Pero si ya lo sabe, o tiene una idea, aquí hay algunos consejos fáciles sobre cómo mantener la coherencia, pero también exponga la idea de "nuevo y mejorado".

Crear directrices claras. Haga una lista larga de todo lo que no puede hacer, pero para todo lo que está en esa lista, agregue algo a la lista de "puedo hacer". Si tiene un equipo de intercambio de ideas, asegúrese de darles algo de libertad. Solo asegúrese de que definitivamente sepan qué mensaje deberían transmitir.

Incluya los activos de su marca, cada vez que pueda, y desde el principio. Si tiene un eslogan o una imagen específica relacionada con su marca, ¡úsela! ¿Alguna vez ha visto un anuncio de McDonald's sin la gran M amarilla o el "Me Encanta"?

Piense en lo que ha funcionado antes y aplíquelo a la nueva idea. ¿Cómo puede mejorar una receta de pastel de chocolate sin haberlo probado nunca? Si ya ha hecho publicidad anteriormente, debería tomar algo de esa experiencia y aplicarla a esta. Si no lo ha hecho, consulte otras páginas de negocios y personas influyentes y vea qué ha funcionado y qué no.

Errores a evitar definitivamente con los Influencers

No tener en mente un conjunto preciso de objetivos. Cada campaña de marketing debe tener un objetivo preciso en mente. Ya sea para crear conciencia, tener un producto específico para descargar o para hacer que la gente hable. Muchos de los mercadólogos primerizos se lanzan sin saber cuál es este objetivo.

Para evitar esto, es sencillo: siéntese con su equipo (si tiene uno) y saque exactamente lo que quiere. Defina lo que quiere que suceda si el marketing es un gran éxito y defina lo que espera que suceda si es un fracaso. Incluso lo que sucederá si es neutral en la zona de éxito, donde no obtiene la asistencia que desea pero sigue teniendo un buen comienzo. Cuando comienza con un objetivo claro, puede desarrollar su mercadotecnia alrededor de eso, y puede prepararse para el éxito en términos de cualquier objetivo que tenga.

No conocer a su audiencia. Esto es principal. Tiene que saber exactamente a quién va dirigido este plan de marketing. ¿Está apuntando hacia niños pequeños? ¿Padres de niños pequeños? ¿Adolescentes? ¿Los jóvenes adultos que recién comienzan a abrirse camino en el mundo y se encuentran a sí mismos? ¿Las generaciones mayores que solo buscan relajarse?

Si quiere conocer a su audiencia, tiene que conocer su producto. Piense en quién estaba pensando cuando diseñó el producto. ¿A quién se imagina comprando, encontrando un buen uso y disfrutando de él? ¿Qué es lo que realmente resuena con ellos? ¿Cómo se comunica con ellos de una manera que sea efectiva? Al conocer a su audiencia, sabrá exactamente qué decir y cómo hablar con ellos.

No saber qué plataforma funcione mejor para usted. Cada plataforma es diferente y tiene sus aspectos negativos y positivos. Cada uno está diseñado para un uso muy específico y, según cuál sea su negocio, uno de ellos será el adecuado para usted.

Para evitar esto, realice una investigación exhaustiva en cualquier plataforma que le interese. Hay un capítulo dedicado a seis de las plataformas en línea más populares en este libro, junto con información sobre qué tipo de empresas las utilizan mejor, cómo obtener seguidores, cómo crear su perfil de una manera agradable y cómo usarlos para obtener lo mejor de su capacidad.

No hacer ningún plan (o planificar mal). La planificación es un elemento básico de cualquier plan de negocios. Realmente puede frenar una campaña si no tiene un plan realista para seguir. Podría terminar sin saber qué hacer despues y encontrarse con una pared de ladrillos.

Siempre es bueno tener ideas, a veces semanas, meses o incluso años por delante. Siempre debe pensar en nuevas ideas, escribirlas y asegurarse de estar preparado si algo sale mal. Si realmente está luchando con esto, hay excelentes aplicaciones de planificación de redes sociales para ayudarlo. Uno de los más conocidos, por supuesto, es Hootsuite, pero hay un montón de otras opciones.

Trabajar con influencers equivocados: aunque la mayoría de los influencers examinarán y probarán cuidadosamente un producto antes de siquiera considerarlo, hay algunos que, literalmente, aceptarán cualquier trabajo que se les ofrezca. O tal vez hay un influencer que ya ama su producto y quiere trabajar con usted. Si no selecciona cuidadosamente al influencer, podría terminar con uno que no refleje ninguno de los mensajes que está tratando de transmitir.

Al igual que los influencer que seleccionan los productos que planean usar y sobre los que hablan, usted debería evaluar cuales son los enfoques del influencer. Su marca y negocio reflejarán con qué influencers trabajará, al igual que cualquier marca con la que pueda trabajar un influencer. Debe asegurarse de que encajen con lo que quiere que represente su empresa. Además, tenga en cuenta que la página de su influencer debe tener algo en común con su producto.

Sobreestimar la influencia de un influencer. El hecho de que un influencer tenga un gran número de seguidores no significa que tendrá un gran impacto. Esto podría ser bueno para crear conciencia, sí, pero si tiene otros objetivos en mente, es posible que desee considerar otros factores. Otra cosa a considerar es que nunca se sabe si un influencer ha comprado a sus seguidores. Esto significa que la mayoría de sus seguidores, que no son personas reales, no se involucrarán realmente con el mensaje, lo que significa que no recibirá atención en ningún otro lugar.

Su primer pensamiento al elegir un influencer debería ser que tan relevante es, en lugar de cuán grandes son. Encuentre individuos que tengan influencia y entiendan la industria. Entonces, si lo que busca es conciencia, tal vez lo que está buscando es alguien con muchos seguidores. Pero lo que realmente quiere ver es su tasa de participación, porque, créanlo o no, cuantos más seguidores tengan, menos participación obtendrán. La tasa de participación de las cuentas de 1.000 o menos seguidores es de aproximadamente el 15%, mientras que aquellos con una tasa de participación de más de 100,000 personas cayeron a solo el 2%. En este caso, menos es más.

No siendo lo suficientemente personal. La mayoría de los sitios web de redes sociales tienen reglas que le permiten a sus seguidores saber de que se trata un anuncio; básicamente, en el proceso, les dice que sí, a usted le pagan por esto. Un error que muchos influencers, y las empresas cometen, es llevar esto demasiado lejos, y prácticamente solo pasan copiando y pegando un anuncio directamente en su título o publicación.

Esto es un error. Recuerde, la idea general de los influencers que usan las redes sociales para publicitarse es que no suena o se parece a un anuncio. A la gente no le gusta mirar anuncios, y como los anuncios se vuelven más y más una molestia en nuestra vida cotidiana, la gente está optando cada vez más por ignorarlos. No querrá ver un anuncio en su feed de redes sociales. Los influencers logran que sus anuncios no se conviertan en anuncios, al equilibrarlos con subtítulos ingeniosos y dejar que sus seguidores sepan cuánto aman el producto con una historia personal o cómo lo usan en su vida diaria. Lo hacen personal. No se siente como un anuncio en ese sentido, por lo que a la gente no le importa verlo.

Poner demasiado dinero en ello. Esto es una situación común en muchas empresas, por desgracia. La gente sobreestima el éxito que tendrán en las cosas, y cuando no lo son, terminan decepcionados y ahorcados.

No se limite a tirar dinero a los publicistas de redes sociales e influencers. Haga su investigación. Lea este libro. Hable con las personas que conoce que también han iniciado un negocio a través de las redes sociales. No se limite a meterse en el agujero sin pensar en cómo va a salir de él.

Trabajando con los influencers

Uno de los mayores desafíos de cualquier negocio es conseguir su nombre. Si bien las campañas publicitarias tradicionales definitivamente están ahí para ser consideradas, a menudo pueden ser extremadamente caras. Esto es especialmente difícil si se trata de un nuevo negocio que está recién comenzando y no puede gastar millones de dólares en publicidad.

Esta es la razón precisa por la que es realmente valioso considerar al menos trabajar con influencers. Los influencers no solo están allí para anunciar su producto, están allí para abogar por ellos. Los influencers rara vez adquieren un producto en el que no creen porque entienden que su relación con sus seguidores es crucial. Si pierden esa confianza especial con sus seguidores, pierden su fuente de ingresos.

Por eso es importante asegurarse de que sean realmente un defensor genuino de su producto. Usted tiene que venderlos con el producto, y el producto en realidad tiene que llegar a ellos antes de que incluso consideren hacer una publicación al respecto.

Tenga en cuenta que trabajar con personas influyentes es una relación mutuamente beneficiosa. Debería promocionarlos tanto como ellos lo hacen, especialmente si ayuda a atraer tráfico hacia usted. ¡Comparta sus publicaciones en sus propias páginas de redes sociales! ¡Mencione a sus seguidores! Las mejores relaciones entre marcas e influencers son las que trabajan juntas y se ayudan entre sí.

Esto significa comunicarse regularmente con ellos sobre lo que ambos desean de esta relación comercial. Ambos deben saber cómo se ve el éxito para el otro, y ambos tienen objetivos claros en mente.

¡Buena suerte!

Capítulo 3: Comenzar un Negocio en las Redes Sociales

Comenzar un negocio en las redes sociales, o poner su negocio en las redes sociales, puede ser una experiencia desalentadora. Especialmente para personas que nunca lo han hecho antes, o que ticnen muy poca experiencia en ello. Afortunadamente, hay un montón de cosas que puedes hacer antes de comenzar.

Encontrar su Nicho (y su Mercado)

Antes de comenzar cualquier negocio, en cualquier lugar, necesita saber exactamente qué es usted como negocio y a quién le está vendiendo. Un nicho es el lugar adecuado para que su negocio florezca, y puede ser difícil averiguar exactamente de quien se trata. Puede pasar horas y horas tratando de encontrarlo, y aún así puede sentir que no va a ninguna parte.

Lo primero que puede hacer es enumerar sus pasiones. Si está iniciando su propio negocio, su plataforma debería ser algo que realmente le interese. Si su nicho es algo en lo que no está invirtiendo y quiere tener éxito, sus probabilidades de dejar de fumar son mucho más altas. Esto no significa que tenga que ser apasionado por cada parte del nicho, solo necesita ser apasionado por algo en él. Esto lo mantendrá en marcha.

Para descubrir cuál es su pasión, hagase estas preguntas.

- Cuando tiene tiempo libre, ¿qué le gusta hacer?
- ¿Hay un club u organización a la que pertenece?¿ De qué tipo es y qué hace en él?
- ¿De qué tema le gusta aprender?
- ¿Qué se imagina haciendo todo el tiempo?

Cuando haya hecho esto, investigue si existe o no un mercado viable para ello. Analice realmente el tipo de problemas que experimenta su cliente objetivo, y vea si es algo que puede resolver. Hable individualmente con personas en el mercado objetivo y con personas que conoce. Mire en los sitios web y foros. Busque palabras clave y vea si se ha hablado de cualquier nicho al que haya tocado.

También debe mirar a su competencia. Mire si están ofreciendo el mismo producto que usted. Mire si puede mejorarlo. Tome nota de lo que están haciendo mal y lo que están haciendo bien. La competencia es vista como algo malo en los negocios, pero en realidad no lo es. Puede ver si existe o no un mercado para su producto, e incluso mejor, puede aprender de sus errores. Si están haciendo algo que no es tan bueno, lo puede hacer mejor.

Haciendo algunas pruebas le permitirán averiguar exactamente cuál es su nicho, y esto no es algo malo. Solo una cosa. No existe un proceso perfecto para descubrir qué es, y habrá algunos errores en el camino. A veces, lo mejor que puede hacer por su negocio es simplemente publicar su nombre y comenzar. No se preocupe por las cosas pequeñas y asegúrese de aprender de sus errores. A veces, es mejor tener su nombre por ahí y aprender a investigar, que no hacerlo.

Encontrar y Mantener su Base de Clientes

¿A quién va dirigido su producto?

Esta es la pregunta que se hacen todas las empresas que están comenzando. ¿A quién esperan venderle?

Esto puede ser determinado por una serie de cosas. La edad, la ubicación, el género, la raza, la carrera, el estado de la relación, el estado familiar, la lista de las diferentes características demográficas y sigue y sigue y sigue. Si ya tiene clientes, debe mirarlos de cerca y determinar quiénes son, qué hacen y por qué le están comprando. Conocer su base de clientes puede ayudarlo a dirigirse a más personas como ellos, ya que ya sabe que las personas como ellos le compran.

Si aún no sabe cuál es su público objetivo o no ha comenzado a vender, este es el momento de averiguarlo. Si ya conoce su nicho, lo primero que debe hacer es revisar su competencia. ¿Quién les está comprando? ¿A quiénes están comercializando?

Mira de cerca tu propio producto. Ya debe conocer su producto por dentro y por fuera, y tómese el tiempo para enumerar cada beneficio individual de cada característica del producto. Cuando tenga esto, pregúntese qué tipo de persona se beneficiará en última instancia del producto. Haga una lista y apunte estos datos demográficos.

Demografía significa muchas cosas diferentes. Si bien las cosas como la edad, el sexo, la ubicación, la raza, el nivel de ingresos, el nivel de educación, el estado familiar, el estado civil y la ocupación son buenos puntos para comenzar, hay una parte que a menudo se pasa por alto. Estas son las características reales de la personalidad y el estilo de vida que su cliente ideal lleva. Esto incluye cosas como la actitud, los valores, los intereses, las aficiones, el comportamiento y cómo llevan su vida cotidiana.

Digamos que usted está vendiendo una aplicación de filtro para cámaras de teléfonos inteligentes. Es probable que este tipo de aplicación esté dirigida a los jóvenes, en su mayoría adolescentes. Pero no todas las personas jóvenes quieren o necesitan una aplicación como esta, así que piense realmente cómo la usaría una persona que quiera este tipo de aplicación. ¿Cómo y cuándo utilizarán la aplicación? ¿Qué características serían atractivas para ellos? ¿Cómo encajará en su vida cotidiana? ¿Qué tipo de intereses y pasatiempos tienen, y como la aplicación los hará más divertidos? Estas son preguntas que debes hacerse.

Una vez que haya descubierto todo esto, realmente evalue su decisión. Considere si hay suficientes personas que necesitan esta aplicación, si realmente se beneficiarán o no, y si pueden pagarla. Realmente debe tratar de meterse en su cabeza y caminar en sus zapatos.

Recuerde esto: no coloque su objetivo demasiado lejos. Puede tener más de un grupo de personas que desean su producto. Puede dirigir su marketing a estos dos grupos.

Definir su público objetivo puede ser complicado en las redes sociales. Pero una vez que lo haya resuelto, será más fácil crear publicaciones, imágenes y videos que querrán ver. Ahora viene la parte divertida: hacer su cuenta.

Iniciando en las Redes Sociales

Una vez que haya descubierto todo esto, ahora es el momento de comenzar con su cuenta o cuentas.

Iniciar su negocio online es muy similar a iniciar su negocio en la vida real. Mucha de la información que encontrará aquí a menudo aparecerá online. La buena noticia es que las redes sociales son mucho menos complicadas de lo que la gente cree. Se trata del compromiso y de mantener a su audiencia, dándole lo que vinieron a buscar.

Siempre debe comenzar con un plan. Toda buena estrategia de negocios comienza y termina con un plan bien pensado. Este es un denominador común con las redes sociales. Necesita un plan para saber exactamente a qué o quien se dirige. Muchas empresas piensan que debido a que no cuesta dinero y es fácil de hacer, deben sumergirse sin ningún plan en mente.

Necesita un plan para saber exactamente hacia dónde se dirige y qué quiere obtener de su trabajo en las redes sociales. Esto es lo que debe hacer para lograr esto de manera efectiva:

- Averigue lo que quiere. ¿Qué estás buscando para salir de las redes sociales? ¿Espera atraer nuevos clientes? ¿Desea ayudar a sus clientes actuales dándoles información fácil de encontrar y una forma de contactarlo directamente?¿Cuánto compromiso espera poner para cada publicación, y cómo llega allí?

- Considere una auditoría. Si ha comenzado a usar las redes sociales y las cosas no van como a usted le gustan, considere hacer una auditoría de su página. Hay personas online que puede contratar para hacer esto por usted, o puede buscar online una lista de verificación de las cosas que deben tener sus páginas. Puede evaluar lo que está haciendo bien, lo que está haciendo mal y obtener nuevas ideas sobre cómo avanzar.
- Tomar inspiración. De todas partes. De su competencia. De otras cuentas comerciales. Influencers. Las empresas que ni siquiera están en su radar, pero tienen páginas increíbles y toneladas de participación. Estudielos y aprenda de sus errores.
- Comprenda cuán importante es la consistencia. Consistencia en la frecuencia con que publica. Consistencia en lo que publica. Consistencia en la frecuencia con que publica. La gente lo está siguiendo por una razón, y debe apegarte a esa razón. Tiene que seguir publicando porque, ¿por qué otra cosa lo seguiría la gente?
- Mire cada plataforma de redes sociales y descubra cuál es la adecuada para usted. Investigue un poco sobre su demografía. Nunca haga suposiciones sobre

qué plataforma de redes sociales están utilizando. Realmente no lo sabe, pero hay gente por ahí que sí. Mire hacia dentro.

Una vez que esté en las redes sociales y sus páginas en funcionamiento, céntrese en establecer relaciones.

Sus seguidores deben ser más que solo sus seguidores. Deben ser sus amigos, sus socios y las personas con las que quiere hablar y relacionarse. La gente puede discutir todo el día sobre si el número de seguidores es importante o no, pero al final, 100 seguidores que realmente comentan y quieren ver sus publicaciones son infinitamente mejores que los 100.000 seguidores que simplemente lo ignoran.

Construya relaciones involucrándose con la gente. Responda preguntas, siga atrás, responda comentarios, dé a las personas lo que quieren y pregúnteles qué es lo que quieren. Concéntrese en ayudar a sus seguidores y clientes, en lugar de venderles. Sí, usted es un negocio, pero no quiere darse a notar como si no le importara si este producto agrega valor a su vida. Cuanto más haga que su cliente se sienta como un amigo, más probable será que le compren.

Planee sus publicaciones. Al igual que los anunciantes planifican sus anuncios con una semana o meses de antelación, usted debería planear sus publicaciones de la misma manera. Cuando llegue el mes de octubre, ya debería tener al menos 10-20 publicaciones en material de Halloween (este número depende de su negocio y del tipo de página de redes sociales que tenga). Planear un buen tiempo por adelantado significa que nunca se quedará sin cosas para publicar. Siempre tendrá algo que compartir con sus seguidores.

Promocionar. La mayoría de las empresas tienen más de una cuenta de redes sociales y, a menudo, tienen un sitio web. Siempre asegúrese de mencionar sus otras cuentas con regularidad. Afortunadamente, muchas cuentas de redes sociales funcionan muy bien juntas. A menudo puede compartir nuevas publicaciones en una cuenta de otra. Por ejemplo, Instagram tiene una función en la que puede compartir automáticamente su publicación en Facebook y Twitter.

Mantenerse activo. Una página de redes sociales inactiva es la muerte de esa página de redes sociales. ¿Por qué alguien lo seguiría en sus publicaciones si no está publicando? La cantidad de publicaciones por día o por semana depende de la plataforma, pero debe publicar al menos una vez al día. Las personas que lo siguen quieren saber de usted. Recuérdelo.

Se humano. Esto es tan, tan importante en el mundo de las marcas de redes sociales. Mire muchas páginas de otras compañías en varias plataformas, y encontrará marcas que se comunican con sus seguidores como lo harían con sus amigos. Hacen chistes, responden a sus preguntas, les agradecen sus comentarios y humanizan realmente a la empresa. Recuerde: la gente quiere comprarle a las compañías que sienten que realmente se preocupan por ellas y por sus necesidades, no solo por las compañías que buscan ganar dinero.

Su Perfil

En cualquier página de redes sociales, su perfil es esencial. Es lo primero que verá un posible seguidor o comprador. En términos de fotos y videos, es especialmente importante porque tienen que ser del mismo tema y diseño de color. Todo su perfil actúa como el punto de venta. Piense en ello casi como pasar por una tienda de jean y ver todos los vaqueros en la ventana.

En realidad, vamos a llevar esa metáfora un poco más lejos: si solo le han gustado un par de jeans de la tienda de cientos de pares, ¿continuaría regresando allí con la única posibilidad de que le guste otro par de jeans? No, ya sabe que solo le gustó uno de sus productos, ¿por qué volvería?

Su perfil debe verse bien, y cada publicación debe verse bien la una respecto a la otra y deben ser de alta calidad.

Entendiendo las Palabras Claves

Una palabra clave puede definirse como lo que una persona escribe en la barra de búsqueda para encontrar algo. Todas las empresas ticnen palabras clave en sus sitios web, es posible que no las estén utilizando a su máximo potencial o que no estén implementandolas correctamente.

La gente usa palabras clave en sus búsquedas todo el tiempo. Solo pregúntese: ¿cuántas veces usa Google o Bing todos los días? Probablemente al menos 10 veces al día, preguntándole cosas básicas como sí o no a problemas sociales complicados. Loco, verdad? "To Google" incluso se considera un verbo ahora.

Debería usar palabras clave en todo su sitio de redes sociales. Para comenzar, haga una lista de las palabras que tengan que ver con su sitio web. Luego úselas todo lo que pueda en sus publicaciones. Ejemplo: si tiene un negocio de tarjetas y está publicando un nuevo diseño. Use palabras como "tarjeta", "diseño" y "nuevo".

La Importancia de la Consistencia y el Tono.

La consistencia es esencial en cualquier tipo de negocio. Consistencia del producto, consistencia de la publicidad y consistencia de la calidad. Las mismas reglas se aplican al marketing en redes sociales y su página.

La consistencia es mucho más que su marca y la frecuencia con la que publica. También se trata de su tono y personalidad. Piense en sus amigos. ¿Cómo se sentiría si cambiaran su personalidad e intereses todos los días? Probablemente ya no serían amigos, porque nunca sabría lo que iba a conseguir. Nunca sabría si le gustaría la persona cada vez que la viera.

El tono en las redes sociales es generalmente lo mismo. Si su marca es más juguetona, sus publicaciones deberían reflejar eso. Si su marca es más directa, sus publicaciones deben decir eso. Esto permite que las personas reconozcan quién es usted y de qué tratan su empresa y sus productos. Definitivamente es un acto de cuerda floja: encontrar una manera de comunicarse con su público de una manera que sea real y que resuene con ellos mientras se mantiene fiel a quién es usted como compañía.

Para que las audiencias reconozcan cuál es su nicho/marca, necesitan ver qué tipo de cosas está publicando. Si está publicando constantemente sobre algo diferente, no saben de lo que realmente está hablando. Si solo publica una vez cada seis semanas, ni siquiera se molestarán en seguirlo porque parece que no le importa mantenerse en contacto. Cada vez que publica, es una oportunidad para conectar con su audiencia y hacer que quieran contactarse con usted.

Su consistencia debería hacerse eco en cada parte de su página de redes sociales. En cada publicación, el tono debe ser el correcto. Cada vez que comparte algo de la página de otra persona, debería resonar con su marca en algún nivel u otro. También es importante considerar la fuente y la información. Nunca está de más comprobar que la información que se encuentra online, se veridica y confiable.

Y, por último, pero no menos importante, siempre recuerda que cada publicación que haga debe sobresalir visualmente. Todo su perfil debe ser atractivo en apariencia. Los humanos son criaturas muy visuales. Todo, desde la imagen del encabezado hasta sus publicaciones de video deben coincidir y se deben ver bien uno contra la otra. La variedad en el tipo de formatos que decida utilizar puede ayudar realmente con esto. La variedad siempre es esencial para mantener a su audiencia interesada.

En este libro, hay un capítulo individual de cada red social que puede considerar usar. Encontrará información en cada uno sobre cómo crear su perfil, el mejor tipo de publicaciones y cómo atraer a sus seguidores. Este es solo el comienzo.

Capítulo 4: Monetice su Audiencia

Ninguna de la información en este libro significa absolutamente nada para usted, si no puede ganar dinero con ello. La verdadera pregunta para cualquier negocio es esta: ¿Cómo puedo ganar dinero con csto?

Generar más ingresos es realmente la razón más importante por la que las empresas recurrieron a las redes sociales. Querían una nueva forma de llegar a nuevos clientes, en el proceso de vender más productos y ganar más dinero. El resultado deseado es siempre el objetivo final.

Pero una vez que lo ha obtenido para comprar un producto o seguirlo, ¿cómo gana dinero en realidad? ¿Cómo los mantiene interesados? ¿Cómo consigue que sus clientes que ya han comprado algo, compren más?

Afortunadamente, la mitad de la batalla ya está ganada. Si alguien está siguiendo su negocio online, ¡felicidades! Ya están interesados en usted y su producto, y si aún no lo han comprado, no será difícil convencerlos para que lo compren. Probablemente ya estén de acuerdo con su mensaje y quieran seguirlo.

La mitad de la escalada ya está terminada, y ahora solo tiene que pasarlos por encima de esa colina.

1) **Venta directa:** Si alguien se mete en sus mensajes directos buscando más información, ¡déselos! El hecho de que sea a través de las redes sociales no significa que no pueda comunicarse directamente con sus clientes y decirles exactamente a dónde ir. Puede darles un mensaje de venta directa sobre el producto, los beneficios, su historial y cómo encaja en su vida, todo desde su computadora o teléfono. De esta manera, usted realmente establece una conexión personal con su cliente potencial, de la misma manera que lo haría si estuviera en una tienda, a dos pies de distancia el uno del otro.

2) **Publicar las críticas positivas:** ¿Sabe cómo, cuando compra un libro, a veces copian y pegan las reseñas en la portada? Haga lo mismo para su producto. Si obtiene una reseña positiva, tírelo online. Cite el artículo en el título de una foto. Llame la atención sobre el hecho de que otras personas lo quieren. Incluso podría publicar clientes satisfechos (con su permiso). Las personas tienden a querer lo que otras personas tienen.

3) **Manténgalos al día sobre nuevos productos y ofertas:** De todos modos, su negocio siempre debe

tener nuevas ideas y siempre debe informar a sus clientes. Hay una razón por la que McDonald's todavía publica anuncios: porque todavía están creando nuevos platos para compartir con la gente. Si hay algo nuevo en su negocio, hágaselo saber a sus seguidores. Una vez más, ya están interesados en lo que vende, recuerde eso. Es posible que solo necesiten un impulso, y ese impulso podría ser un producto que de repente se alinea con lo que quieren. En cada publicación que haga esto, haga un punto para decir exactamente dónde va a estar, a qué hora y durante cuánto tiempo lo tendrá.

4) **Ofrezca descuentos y ofertas a sus seguidores:** Haga esto de vez en cuando, ya que es una gran cosa para ellos. Incluso podría dejar en claro que solo son los primeros 10\100\1000 seguidores son los que reciben la oferta. Así es como muchas empresas consiguen que su negocio despegue: ofrecen un gran descuento a un cierto número de personas y estas personas acuden en masa. Su base de seguidores es solo otra forma de clientes leales, por lo que deben ser los que obtienen el descuento. ¿Eres una tienda que acaba de abrir? Publicar que con la compra de las primeras 10 camisetas obtendrán un 20% de descuento! Tal vez

sea algo genial. Luego, las primeras 100 personas que se registren pueden acceder a la mitad de lo que normalmente pagarían. Estos son sólo algunos ejemplos. Debe hacer que sus clientes vuelvan por más y, al mismo tiempo, continúe haciéndoles saber cuánto los aprecia.

5) **Deles algo que probar:** ¿Todos hemos estado en la tienda de abarrotes y alguien nos ha puesto una muestra con una red para el cabello y un delantal? Por lo general, es un producto que nunca pensaría obtener, pero a veces terminas gustándole y comprandolo. Nunca habría considerado comprar ese producto dos veces a menos que hubiera muestras gratuitas de él. Es lo mismo con el negocio online. A veces realmente necesita darles a sus seguidores una muestra de algo para venderles. Si está vendiendo un curso, deles una versión diluida del mismo. Si está vendiendo un libro electrónico, entrégueles los primeros dos capítulos gratis. Todo el mundo ama las muestras gratis.

6) **Hacer tutoriales:** Esto funciona realmente bien si está vendiendo un producto para que la gente lo use en su vida cotidiana, pero puede que no sepa exactamente cómo usarlo. Piense en utensilios de cocina, herramientas de manitas, electrónica,

etcétera. Si está vendiendo un producto alimenticio, muéstrele a la gente cómo usarlo en las recetas. Todo lo que realmente necesita para esto es una buena cámara y una persona dispuesta a mostrarle a sus fans cómo se usa.

7) **Cree contenido para compartir:** El mayor error de muchas empresas online es que su contenido no es atractivo. Su contenido es seco, aburrido o peor, y nadie quiere compartirlo con sus amigos o ponerlo en su panel. Haga su mejor esfuerzo para crear contenido atractivo que la gente realmente quiera ver o leer. Cuanta más gente comparta sus cosas, más probabilidades tendrá de obtener más ventas.

8) **Publicar artículos:** Si está buscando obtener más ingresos por publicidad en su blog, publicar sus artículos en otros sitios de redes sociales es una excelente manera de hacer que más personas hagan clic. Solo asegúrese de que la imagen y el título de la portada sean atractivos, y que sea un tema del que la gente quiera hablar.

Capítulo 5: Marketing de Facebook

Facebook es el rey de las redes sociales. Si bien se podría decir que MySpace es el padre, Facebook es definitivamente el Rey. Actualmente cuenta con más de 2 mil millones de usuarios activos, 1,4 de ellos acceden diariamente, y es la red de medios sociales más popular online.

Facebook fue lanzado en 2004 por el ahora infame Mark Zuckerberg. Originalmente solo estaba abierto para estudiantes universitarios de Harvard, finalmente se expandió para incluir escuelas en todo Estados Unidos, Canadá y el Reino Unido, antes de abrirse al público en 2006. Facebook descubrió la fórmula desde el principio: constantemente tenían que adaptarse para satisfacer las necesidades de sus usuarios.

Esta es precisamente la razón por la que Facebook seguirá siendo la mejor red de redes sociales durante mucho tiempo. Se está adaptando, cambiando y modificando constantemente para adaptarse a las necesidades de sus usuarios, en contraste con MySpace, que se estrelló y quemó, gracias a su incapacidad de cambiar.

Facebook es la única red de medios sociales que los mercadólogos realmente no pueden ignorar. No solo por su enorme base de usuarios, sino también por su capacidad de adaptación. Siempre están agregando nuevas funciones, a menudo utilizan ideas de otros sitios de redes sociales y superan sus límites. Cada variación de contenido que pueda imaginar, Facebook probablemente lo tenga.

Facebook puede enfriarse con la generación más joven, que prefiere aplicaciones como Snapchat o Instagram, pero todavía es una fuente de poder. Más de la mitad de los estadounidenses de todos los grupos de edad dicen estar en Facebook. YouTube es la única otra red de medios sociales con más alcance entre sus usuarios. La generación más joven incluso lo está utilizando: el 76% de los niños de 12 a 17 años admiten tener una cuenta y usar la plataforma.

Facebook es la red de medios sociales más importante a la que hay que acceder por todas las razones anteriores. Está aquí para quedarse. Bien podrías abrazarlo!.

Su Pagina de Facebook

Facebook es muy bueno para sus negocios. Obtiene muchas características y bonificaciones una vez que crea una página de negocios de Facebook. Una de las mejores cualidades es Facebook Insights.

Facebook Insights es una forma de ver todas sus interacciones en un solo lugar, y aún mejor, es fácil de entender incluso para alguien que nunca ha usado ese tipo de datos anteriormente. Puede ver cuántos me gusta, comentarios, reacciones y cualquier otro tipo de interaccion que obtiene con Facebook Insight.

Realmente puede entrar en él y ver cómo se están desarrollando ciertas publicaciones. Puede ver qué publicaciones tienen un buen engagement y cuáles no, y comparar las dos. Incluso puede decidir que solo quiere ver un tipo de publicación y ordenar por tipo.

Hay otros beneficios además de Facebook Insights, por supuesto. Puede agregar lo siguiente a su perfil de negocio, lo cual puede ayudarlo a comercializar sus productos de una manera bien pensada y estimulante:

- Horas de operación
- Dirección
- Número de teléfono
- Opiniones

En términos de construir su perfil de Facebook, es fácil de aprender. El nombre de su perfil debe ser el mismo que su negocio. Use su logotipo como imagen de perfil y una imagen que represente con precisión el negocio como su foto de portada.

Describa su negocio. Sólo tienes 155 caracteres, lo que no es mucho. Haga que cada oración cuente. Hay otro lugar en su perfil para proporcionar una descripción más larga, pero no se preocupe por eso. El más importante es el que sus clientes potenciales verán tan pronto como vean su página.

Asegúrese de que todo en esta página no tenga errores de ortografía y que refleje con precisión la marca. Si tiene otras redes de medios sociales, puede poner los enlaces en la otra sección, junto con una descripción más larga del negocio. El "Sobre Mí" más largo se encuentra en "Editar Historia" en el lado derecho de la página.

Publicaciones

Facebook tiene muchos tipos diferentes de publicaciones, y siempre están agregando más a la lista. Es probable que tengan al menos uno más en esta lista antes de que termine el año.

Publicación de Texto

Es el tipo original de publicación en Facebook, y la más básica. Una publicación de texto enciende el engagement y hace que sus seguidores inicien a expresarse. Haga a sus seguidores preguntas sobre lo que quieren de usted y, lo que usted puede hacer, para hacerles la vida más fácil, y esto le proporcionará un gran engagement.

Publicación de Imagen

Las publicaciones de imagenes tienen mucho que ofrecer. Los estudios han demostrado que las publicaciones con fotos realmente tienen más participación que las que no lo tienen. No necesariamente tiene que ser una de sus propias fotos. Hay un montón de sitios web gratuitos de fotos que puede usar. Solo asegúrese de que tenga algo que ver con el mensaje que está intentando enviar.

Publicación de Video

El video en marketing es particularmente poderoso, especialmente cuando se vende un producto. Especialmente un video que muestra exactamente cómo funciona el producto. Los videoclips comienzan a reproducirse automáticamente en el historial de noticias de Facebook, lo que significa que solo necesita un momento para captar la atención de alguien.

Si bien un video corto siempre es una buena opción, los videos más largos casi han hecho de Facebook un reemplazo de YouTube. Hay compañías que publican blogs, reseñas y tutoriales, todo sin salir de Facebook, con personas que miran un total de 100 millones de horas de video todos los días.

Video en Vivo

El video en vivo es exactamente como suena: un video en vivo. Puede ser una excelente manera de conectarse con sus seguidores y darles una imagen detrás de la escena de su empresa, su producto o incluso la personalidad detrás de la marca. Solo recuerde, cualquier cosa puede suceder durante una transmisión en vivo, así que asegúrese de prepararse bien para cualquier problema que pueda ocurrir.

Contenido Vinculado

La vinculación de contenido en Facebook es una forma muy popular y muy fácil de lograr un mayor compromiso con su propio sitio web u otro contenido online. Tenga cuidado de compartir solo el contenido de su página que sea relevante para usted y que piense que sus seguidores también querrán compartirlo. Compartir es cuidar, de todos!

Publicación Fija

Tener una publicación fija es cuando se fija una publicación en la parte superior de la página. Esto es excelente para usted si tiene algo que necesita atención y debería ser la primera publicación que sus clientes potenciales vean cuando hacen clic en su página. (ex. Está tratando de vender entradas para un espectáculo. Su publicación fijada debe ser una revisión o una imagen de la producción.)

Ganando Más Me Gusta

El mayor objetivo de cualquier estrategia de marketing en redes sociales es conseguir la mayor participación posible, y Facebook no es la excepción. Afortunadamente, el uso de Facebook para crear más negocios para usted mismo y concienciar a su marca es mucho más sencillo de lo que parece.

Lo más importante que puede hacer es crear contenido que se pueda compartir. Su contenido debe ser cosas que otras personas quieran publicar en su perfil y compartir con sus amigos. Esto es lo que le dará una buena cantidad de exposición. Asegúrese de usar siempre buenas fotos, de que todo sea de buena calidad y de que sea profesional.

Sea constante. Publique al menos 5 veces a la semana, pero no publique más de 2 veces al día. En Facebook, el spamming lo puede llevar a algunos pulgares hacia abajo. También debe publicar en el mejor momento para su negocio: lo que dependerá de su marca. Pero parece que la tarde es el mejor horario para publicar en Facebook.

Corto y dulce. Los estudios muestran que las publicaciones con menos de 150 caracteres obtienen un 17% más de participación. Cuanto más rápido se puede leer; la gente más probablemente lo leerá.

Sea relevante. Cada publicación en su página debe indicar de alguna manera exactamente quién es usted como negocio. Si es un agente de bienes raíces, realmente no debería publicar cosas sobre perros.

Considere la posibilidad de adaptar su mensaje a las estaciones. Si es una empresa de panadería, publique muchas galletas navideñas durante las vacaciones. Si es un blogger de viajes, en otoño debería estar publicando muchas fotos de las hojas.

Incluir una llamada a la acción. Si está organizando un evento en vivo, agregue algo como: "¡estamos transmitiendo en 20 minutos! ¡No puedo esperar a verte allí! "

Creando un Grupo de Facebook

Los grupos de Facebook son exactamente lo que parecen, un grupo en Facebook de personas con un interés compartido, pero son más que eso. Son un grupo de personas que se reúnen en línea para compartir ideas, información y debates, como personas con ideas afines. Una vez que haya empezado a desarrollar realmente sus seguidores, un grupo de Facebook es algo a considerar seriamente.

Es una forma fácil y efectiva de reunir a todos sus fanáticos en un solo lugar y animarlos a interactuar entre sí, y puede usar esto para su ventaja. Es probable que sus seguidores compartan sus propias ideas sobre la compañía y usted no tendrá que hacer nada para alentarlo. Es una excelente manera de comunicarse con los seguidores y saber lo que realmente quieren. Puede generar conversación, pero no es necesario.

A veces las personas crean sus propios grupos con una marca en común. A menudo comparten un interés común y quieren hablar de ello. Si está buscando ideas sobre cosas para publicar, puede ver si encuentra alguna que sea similar a su marca. Podrían tener algunas ideas y, aún mejor, probablemente pueda atraer algo de esa base de fans hacia usted.

Tienda de Facebook

Bueno, hoy en día, Facebook ya no es solo un lugar para comercializar su producto. Ahora puede vender el producto directamente en Facebook. Sí, ha leído bien. Facebook ahora le permite tener la capacidad de crear una página de compra en Facebook y vender artículos directamente a sus seguidores.

Esta es otra característica que es muy, muy nueva, y no muchas personas la aprovechan.

Su primer pensamiento podría ser "de ninguna manera", pero detengase y piense en ello. Facebook es el sitio web más popular del mundo, y los usuarios promedio pasan unos 20 minutos por día en la plataforma. Eso suma más de dos horas cada semana. Eso es mucho tiempo.

Tampoco es tan difícil de creer, considerando nuestras propias experiencias con las redes sociales. Todos hemos caído por el agujero del conejo, ¿no? ¿Dónde pasamos al menos una hora recorriendo nuestro feed, tocando enlaces y haciendo publicaciones?

No hay nada de malo en aprovechar Facebook como una plataforma de redes sociales, por lo que ciertamente no hay nada de malo en usarlo como plataforma de ventas. No es una versión completamente evolucionada, con todas las campanas y silbidos, como Etsy o eBay, pero hace su trabajo.

Para hacer esto, primero va a necesitar una página de negocios de Facebook. En su página, ubique la pestaña de la tienda a la izquierda y haga clic en ella. Tendrá que dar información a Facebook, como su número de impuestos y su dirección. Para el pago, puede vincular su cuenta bancaria.

Después de que todo esto esté listo, está listo para iniciar! Puede añadir un producto a tu tienda o tiendas.

Las personas pueden ver a Facebook como un lugar extraño para vender cosas, al menos directamente, pero piense que es así: está haciendo que el tiempo que tienen que esperar para pagar sea más corto, lo que significa que tienen una pequeña ventana para cambiar de opinión.

Messenger

Messenger es la aplicación de mensajería de Facebook. Casi todo el mundo lo usa con un teléfono inteligente, principalmente porque en 2014, Facebook eliminó la función de mensajería de su aplicación regular, lo que obligó a la gente a descargar Messenger.

Messenger es una herramienta poderosa para las empresas porque es directa y mucho más personal. A diferencia de una publicación en la que una persona puede desplazarse, un mensaje directo está justo ahí en su buzón de mensajería y, a menudo, se adapta específicamente a usted.

Los clientes quieren usar mensajes directos para comunicarse con las empresas. El 63% de los clientes dijo que su propio contacto con las empresas ha aumentado en los últimos dos años, y el 56% preferiría enviar un mensaje a llamar a una empresa, para obtener el servicio al cliente que quieren.

También puede utilizar Messenger como herramienta de marketing. Aquí tiene el por qué y cómo hacerlo:

1) Usted entrega directamente el contenido. La forma más común de entregar contenido es usar el correo electrónico, pero Messenger es mucho más directo y mucho más rápido. También obtiene tasas de participación mucho más altas que el correo electrónico.

2) Ayuda a sus seguidores a encontrar el contenido que quieren. Si un seguidor desea especificar el tipo de contenido que desea leer, puede configurar un chatbot de Messenger para ayudarlo. Esta es una forma no intrusiva de introducir contenido nuevo a sus seguidores.

3) Le recuerda a zus seguidores los eventos importantes. Puede configurar un chatbot para enviar a sus seguidores recordatorios de eventos que se producirán.

4) Usted vuelve a involucrar a los clientes que no han estado en contacto por un tiempo. Ocasionalmente presionar a sus seguidores no es algo malo, siempre y cuando se haga de una manera suave y no evasiva.

5) Usted habla con su audiencia uno a uno. Facebook está lleno de anuncios. Eso es un hecho. Por lo tanto, imagine una manera de alejarse de todo ese ruido y

realmente interactuar con su cliente uno a uno. Puede hacerlo, como lo haría en una tienda, pero en messenger.

6) Usted proporciona un servicio al cliente rápido y fácil. Lo mejor de la mensajería es que un cliente no tiene que acaparar su línea telefónica y tardar horas en esperar para comunicarse con un agente de servicio al cliente. Puede tomar menos de un minuto obtener una respuesta a una pregunta que desea que se responda.

Chat Bots

Ahora, si está interesado en aprender sobre Chatbots, y no tiene tiempo para contestar todos los mensajes que se envían a su página de Facebook, ya que puede ser un poco abrumador. La gente asume que se necesita mucha codificación complicada para hacer un chatbot. La mayoría ni siquiera lo intentan.

Hay una manera de hacer todo esto mucho más fácil. Hay plataformas por ahí que realmente te ayudarán a crear una, y la ejecutarán en la plataforma para ti. Uno de ellos se llama Chatfuel, otro se llama Botsify.

Estos sitios web a menudo lo guiarán a través de todo el proceso de creacion del Chatbot, y realmente lo ayudarán a resolverlo.

Capítulo 6: Anuncios de Facebook

La base de usuarios de Facebook es la mayor base de usuarios online, con más de 2 mil millones de usuarios mensuales. Esta es la razón exacta por la que es un espacio publicitario tan valioso. Además, es muy simple y flexible, lo que lo hace perfecto para alguien que apena está metiendo sus dedos en el agua de los anuncios de las redes sociales. Los anuncios de Facebook también tienen la ventaja de aparecer en Instagram.

Los anuncios de Facebook han demostrado ser muy eficaces. 65 millones de empresas están utilizando anuncios de Facebook. El 96% de los profesionales de marketing admiten considerar usar la plataforma como una opción cuando comienzan a pensar en los anuncios. Los anuncios de Facebook también son muy fáciles de configurar, usar y entender. La administración de sus anuncios de Facebook es un proceso significativamente más fácil que si usara Google AdWords, que es difícil de dominar para los nuevos usuarios.

Puede comenzar sin demasiado esfuerzo y ver los resultados bastante rápido. Lo más importante es que lo haga bien, y puede hacerlo sin gastar mucho dinero o poner muhcos días o semanas de trabajo en ello.

Siempre llegará a su público objetivo. En los anuncios de Facebook, las audiencias objetivo son altamente personalizables. Puede especificar exactamente a quién desea llegar en función de su ubicación, sus intereses, las interacciones en sus páginas de Facebook y mucho más.

Los anuncios de Facebook también ofrecen una variedad de diferentes tipos de anuncios (consulte la lista a continuación) entre los que puede elegir. Incluyen anuncios de video, anuncios de publicaciones y anuncios de fotos, y constantemente agregan más para elegir. Definitivamente encontrará el adecuado para su negocio. La mayor fortaleza de Facebook es que siempre buscan expandir y mejorar lo que ya tienen: están dedicados a adaptarse siempre a las necesidades de sus usuarios. Su sistema de anuncios no es indiferente a esto.

Encontrando su Objetivo

El objetivo de marketing es la estrategia establecida por una empresa al promocionar sus productos y participar con la publicidad. Es la estrategia planteada para lograr sus objetivos.

Facebook ha organizado 11 objetivos de marketing diferentes para elegir, por lo que hay muchas opciones para elegir.

Estos son los siguientes:

- Reconocimiento de la marca: aumentar el número de personas que conocen su marca.
- Alcance: llegar a tantas personas como sea posible en un tiempo determinado
- Instalación de aplicación : anima a la gente a descargar su aplicación
- Interacción: haga que la gente hable sobre su marca y desee saber más.
- Visualizaciones de video: publicar un anuncio de video, antes de que vean más de sus propios videos
- Engagement: aumenta la cantidad de "Me Gusta", comentarios, reacciones y acciones que obtiene en su feed de Facebook.
- Generación de Leads: conseguir nuevos prospectos para sus ventas.
- Seguimiento de Rendimiento
- Tráfico: aumenta el número de clics y el engagement que obtiene en una página web específica (o incluso solo en su página de Facebook)

- Mensajes: aumenta el número de personas que se suscriben a recibir noticias de usted regularmente a través de Facebook Messenger

¿Cómo saber cuál es el adecuado para usted?

Elegir el objetivo correcto es crucial. Afectará a toda su campaña y a lo que obtenga de ella. Para hacerlo simple, elija el objetivo que más se alinee con lo que desea obtener de él.

Awareness: ¿Quiere generar interés?¿Quiere que más gente sepa sobre su marca?

Engagement: ¿desea que la gente piense en usted cuando está considerando investigar su marca de servicio o producto? ¿Quiere que hagan preguntas y soliciten más información?

Conversión: ¿Está tratando de alentar a las ventas?¿Su objetivo es encontrar más personas para usar su servicio?

Tenga en cuenta que a medida que usa los anuncios de Facebook cada vez más, sus objetivos pueden ser más específicos (creo que quiero que a más personas les guste mi página, quiero que más personas se inscriban en el curso). Pero cuando está empezando, usar los ejemplos anteriores es un buen modo de comenzar.

Tipos de Anuncios

Al igual que Facebook siempre va a tener nuevos objetivos de marketing y nuevas características, siempre tendrá más ideas para los anuncios. Es una bestia en constante cambio, y eso solo puede significar cosas buenas para usted. Cuanta más variedad ofrezca Facebook, es más probable que encuentre un formato de anuncio que se adapte a cada necesidad que esté buscando.

Los siguientes anuncios están separados de acuerdo a lo que traen a la mesa.

Ventas para su Servicio o Producto

Si es una empresa que administra una tienda, ya sea una empresa local o un comercio electrónico, Facebook es ideal para mostrar una amplia gama de productos. Lo crea o no, muchos de estos anuncios ni siquiera tienen que dejar el sitio web o la aplicación de Facebook para que funcionen: las personas pueden completarlos y obtener más información directamente en el sitio.

Productos múltiples: piense en una larga línea de imágenes por las que se desplaza. Puede mostrar hasta 10 imágenes y es extremadamente útil si está buscando promocionar múltiples productos de su negocio, o si tiene un producto, pero viene en varios colores diferentes.

También puede usarlo para promocionar diferentes publicaciones y ofertas para sobre cual están haciendo clic los clientes.

Anuncios de productos dinámicos: estos anuncios se dirigen a usted según sus acciones pasadas en el sitio web o aplicación de Facebook. Todo lo que tiene que hacer es cargar su catálogo de productos en Facebook y asegurarse de que su Facebook Pixel esté instalado correctamente en las páginas de su sitio. Y ahi lo tiene!.

Anuncios de clientes potenciales: Todo está en el título. Los anuncios de clientes potenciales son para obtener clientes potenciales. El anuncio permite a las personas obtener su contenido y suscribirse a su oferta sin tener que abandonar el sitio web.

Tráfico para su Sitio Web

Conducir tráfico a su sitio web es sin duda muy importante. Los anuncios que conducen a su sitio web deben mostrar lo mejor de su sitio web y ser una gran vista previa de lo que está por venir.

Enlazar Anuncios Clicables: estos son los anuncios en los que piensa cuando piensa en los anuncios de Facebook. Se desempeñan muy bien y se sabe que generan muchos "Me Gusta" en su página.

Anuncios de Video: los anuncios de video son una de las formas más populares de publicidad online y con una buena razón. Puede publicar mucho sobre usted con solo un video de 15 segundos. Los anuncios de video en Facebook en realidad son solo otra forma de enlace de anuncios clicables.

Publicaciones Patrocinadas: Estas son las publicaciones que se ven exactamente como una publicación regular, solo que tienen la nota "patrocinada" en la parte superior. Cada vez que una empresa hace una publicación, tiene la opción de "potenciarla".

Me Gusta y Engagement

Obtener tantos "Me Gusta" y Engagement como sea posible es muy importante en Facebook. Cuanto más engagement tenga, más atención recibirá su negocio. Es por esto que los anuncios que alientan exactamente eso son tan populares.

Anuncios de la Página: son un anuncio simple de su página, probablemente con una pequeña descripción de quién es usted

Anuncios de Publicaciones de Fotos de la Página: una publicación que muestra una publicación de foto elegida que usted ha publicado, junto con un botón de "Me gusta" al lado para que la página tenga interacciones.

Anuncio de Publicaciones de Video de la Página: lo mismo que el anuncio anterior, solo que con un video.

Anuncio de Publicaciones de la Página: lo mismo que los dos primeros, pero solo con una publicación de texto regular. Tenga en cuenta que estos tiene las tasas de participación más bajas, por lo que es posible que deba mirar hacia otro lado.

Creando un Gran Anuncio

Los anuncios tienen que hacer muchas cosas. Tienen que vender el producto, retratar el producto y la compañía con una gran vida, y hacer que se pueda relacionar con la vida del consumidor. Encontrar la receta para el éxito puede llevar tiempo y esfuerzo. Probablemente habrá algunos errores en el camino.

Hágase estas preguntas:

- ¿Qué lo hace destacar entre la multitud?
- ¿Qué es lo que hace que su marca sea única?
- ¿Qué lo hace destacar?
- ¿En qué se diferencia su producto o servicio del resto?
- ¿Qué puede ofrecer que no puedan o no quieran los demás?
- ¿Qué lo atraería a este producto o servicio?

- ¿Qué tiene que su competencia no tiene?

Mantenga el titular interesante, pero corto y eficaz. En las redes sociales, necesita captar la atención de alguien rápidamente. Los usuarios pueden simplemente desplazarse más allá de él si no les parece interesante, o hasta omitirlo. Su titular debe ser corto, pero también muy eficaz. Un titular puede hacer o deshacer su anuncio. Recuerde: hay más personas que leerán su titular que quienes realmente lo lean.

Deles una ganga. Las personas tienen dificultades para resistir el concepto de ahorrar dinero, incluso si es algo que realmente no necesitan. ¿Cuántas veces ha comprado algo porque era una compra con la que obtenía una oferta gratis? Hágales una oferta que no puedan rechazar.

Llamado a la acción. Nunca debe decirles a sus clientes simplemente que este gran producto existe. Siempre debe decirles que hagan algo. "Haga clic en el enlace", como en la página, "compre el producto", "pague por el servicio". Recuérdeles que este producto o servicio podría estar absolutamente en su vida si realizan una accion.

Cree la urgencia/necesidad. Las personas a menudo ven anuncios y hacen una nota mental para examinarlos más de cerca más adelante. Desafortunadamente, las personas están ocupadas, y por lo general solo siguen adelante con sus vidas. Haga que parezca que este acuerdo va a desaparecer, y nunca más tendrán la oportunidad de tenerlo nuevamente. Cada anuncio individual debe hacerse con la intención de que el comprador solo lo vea una vez.

Usando lo que Tiene en Múltiples Plataformas

Facebook es la mejor plataforma para anuncios de redes sociales, especialmente si recién está comenzando. Es fácil, lo guían por todo el camino y no hay razón para explorar otras opciones. También es el más eficaz de todos los anuncios de redes sociales. Además utiliza una segmentación avanzada como ninguna otra plataforma, utilizando el historial del usuario para determinar lo que quieren ver.

Pero si lo hace, no es demasiado difícil transferir lo que tiene a otras plataformas. YouTube es el segundo módulo de publicidad más grande en Internet, pero los anuncios de Google pueden ser muy complicados y difíciles de entender para alguien que nunca lo ha usado antes. Twitter también tiene su propia publicidad.

Si planea usar publicidad múltiple, en múltiples plataformas de redes sociales diferentes, haga todo lo posible para usar un formato de publicidad que funcione para todas ellas. La publicidad en video es tu mejor apuesta.

Por qué usar los Anuncios de Video y Por qué son Poderosos

Los anuncios de video a menudo se consideran la forma más efectiva de publicidad, tanto dentro como fuera de las redes sociales. El contenido de video es el contenido más popular en internet. A la gente le encanta el contenido que les atrae, y los anuncios de video hacen esto. En Facebook, el contenido de video es lo que más se involucra, con videos que alcanzan un 135% más de alcance orgánico en comparación con las fotos. Se estima que en 2020, el 75% del tráfico móvil será por transmisión de video.

En Facebook, se están viendo en promedio 100 millones de horas de video al día. Esto significa que, con mucha gente haciendo videos, no será demasiado caro. Muchos vendedores ven los anuncios de video como una molestia gigante. Esto es cierto: puede ser una molestia y tomar mucho más esfuerzo que un simple anuncio de imagen. Pero si no está convencido de que valgan la pena después de ver estos números, bueno, estoy seguro de que nadie lo podrá convencer.

Capítulo 7: Marketing de Instagram

Si hay alguna plataforma de redes sociales que resuma adecuadamente la frase "una imagen vale más que mil palabras" sería Instagram. La plataforma se lanzó en 2010 y es propiedad de Facebook desde 2012. A partir de 2018, cuenta con 400 millones de usuarios activos. Comenzó como una plataforma para compartir fotos, pero desde entonces se ha convertido en una de videos, historias e IGTV, una plataforma similar a YouTube.

El contenido visual es la forma más popular de contenido en línea. Es el tipo del que más se comparte y el que más se involucra, por lo que probablemente no sea una mala idea mirar en Instagram, especialmente si su negocio depende de imágenes.

Una de las mayores diferencias entre Instagram y otras redes sociales, al menos al principio, es que Instagram fue solo una aplicación al principio. Ahora, tiene un sitio web, pero solo puedes publicar fotos y videos desde la aplicación.

Instagram es extremadamente popular entre las personas menores de 30 años, que representan el 59% de la plataforma, y las personas menores de 25 años usan Instagram por un promedio de 32 minutos al día. En términos de adolescentes, el 72% de ellos usa Instagram todos los días, luego de Snapchat, y dado que Instagram ha incluido una opción de historia similar a la fórmula de Snapchat, ese número está aumentando. Esta es una herramienta extremadamente valiosa si su producto está más orientado hacia esa generación.

Si desea que su negocio sea reconocido internacionalmente, el 80% de los usuarios de Instagram están fuera de los Estados Unidos. Esto es especialmente valioso si su producto es algo que se puede pedir o usar online, como un curso o un blog. Si está ubicado en una ciudad turística, esto también es importante de considerar.

Instagram se trata de imágenes, y debido a esto, es una de las mejores aplicaciones para empresas que realmente dependen de estas imágenes. También es muy fácil compartir fotos y videos de Instagram en lugares como Facebook y Twitter.

Por ejemplo, si se trata un blog sobre cocina, Instagram es una excelente manera de promocionar nuevos artículos que se van a publicar. Puede publicar imágenes de los alimentos que va a enseñar a usar, los libros de cocina que disfruta y los productos frescos. Realmente puede atraer a alguien a un sitio web o a pedir más información gracias a una simple imagen.

Y aquí está cómo.

Cómo usar Instagram

Haciendo Su Perfil

La propiedad inmobiliaria más valiosa de su perfil es tu biografía. En Instagram, tiene alrededor de 200 caracteres, que pueden agotarse bastante rápido, lo que significa que realmente necesita dedicar tiempo a crear uno perfecto. Cada palabra cuenta, y su biografía debe reflejar exactamente quién es como compañía.

En su biografía, debe tratar de incluir la siguiente información:

- Quien es
- Qué servicios debe proporcionar
- ¿Por qué deberían seguirlo?
- Un enlace a su sitio web para más información.

Consejos para una Gran Biografía

- Si su negocio tiene un slogan, este es un gran lugar para ponerlo: el objetivo de un slogan es realmente presentar el mensaje de su negocio y eso es exactamente lo que es una biografía.
- Debe incluir emojis: los emojis son una forma divertida de agregar personalidad a su biografía y

establecer el tono; ni siquiera tiene que incluir los divertidos, solo los que reflejan lo que hace (por ejemplo, si es un fotógrafo, use una camara emoji!!)

- Utilice hashtags. Muchas de las grandes empresas utilizan hashtags específicamente comercializados para sus campañas, y se muestran en Instagram. La campaña #justdoit de Nike se ha etiquetado, hasta diciembre de 2018, 16 millones de veces en Instagram. Pero no use demasiados: solo uno está bien. Si sus seguidores lo etiquetan, querrá que todo esté en un solo lugar, y demasiados hashtags pueden obstruir su biografía y alejar a los seguidores.
- Ponga lo que hace en su título de cabecera. No, no es su nombre de usuario, sino el título de su encabezado. (Ej: Samantha Samerson, Seashells. Esto significa que cuando alguien escribe "Seashells" en la barra de búsqueda, su nombre aparecerá.)
- Dele a sus seguidores una "bonificación". Piense en, un código de cupón o un enlace a un libro electrónico gratuito que recibirán si se suscriben a su lista de correo electrónico. Solo una pequeña muestra de lo que proporciona y lo que obtendrán si compran.
- Cualquier cosa que no pueda incluir en la biografía, puede incluirla en sus historia.

En términos de su foto de perfil, definitivamente debería ser un claro indicador de quién es exactamente y qué hace. Muchas empresas usan su logotipo, pero hay otras opciones. Realmente, solo piense en una imagen bien fotografiada y enfocada, que demuestre todo lo que es usted como empresa.

Siguiendo y Seguidores

A quien sigue puede realmente afectar a quien lo sigue, así que tenga cuidado. Las cuentas y los hashtags que elija seguir deberían ser los que desea imitar. Un buen lugar para comenzar es con las marcas que admira.

Seguir marcas cuyas cuentas disfruta mirando puede ser una buena experiencia porque le enseña qué funciona y qué no. Puede ver sus tasas de participación, qué fotos tienen más Me Gusta y comentarios. Esta es una excelente manera de determinar su valor y por qué los clientes siguen a su competencia.

Gustar y comentar también puede llamar la atención sobre su propia página. Si usted es una página de viajes y constantemente le están gustando las fotos de viajes y comentándolas, otras personas verán que comenta y le gustarán muchas de esas fotos, y echarán un vistazo a su página.

Publicar Fotos

El principal punto de Instagram es publicar fotos. Es la parte más importante.

El mejor método para ver qué fotos publicar no es solo pensar en cosas que reflejen quién es usted y su marca, sino que también debería pensar en una revista.

En una revista, los editores consideran cuidadosamente qué fotos se ven mejor una junto a la otra, el tema general de la revista, y piensan en toda la revista como el punto de venta. Sus fotos deben verse muy bien unas con otras, casi como un collage en una revista.

Si esto es algo con lo que realmente lucha, hay aplicaciones que pueden presentarle exactamente cómo se verá su perfil. Una gran aplicación es una llamada Vista previa (Preview), disponible tanto en la tienda de aplicaciones de Apple como en Google Play. Es gratis, o puede sacar una suscripción.

También debe considerar invertir en una aplicación de edición de fotos. Algunas empresas utilizan realmente la misma fórmula de edición de fotos para cada foto, por lo que se ven similares. Instagram tiene funciones de edición, pero no son lo mejor que podría estar usando. Buenas aplicaciones para usar son Snapseed y el muy popular

VSCO. VSCO tiene un servicio de suscripción por alrededor de $20 al año.

Los mejores momentos para publicar en Instagram son de 12 PM a 1 PM de lunes a viernes. Aproveche esto, ya que el algoritmo de Instagram no se basa en un orden cronológico, sino en la cantidad de interacción que tiene la publicación y en la cantidad que el usuario probablemente quiera ver. Consejo: si puede, mantenga un montón de publicaciones en sus borradores. Es una forma fácil de publicar exactamente a la hora que debería, pero sin ninguna molestia de planificar una publicación en el momento.

Hashtags

Los hashtags son las señales de Instagram. Cuando las personas buscan cuentas para seguir, la mayoría de las veces se dirigen a los hashtags. Si les gusta mirar fotos de comida, buscarán comida. Si quieren ver imágenes de la puesta del sol, se dirigirán al hashtag de la puesta del sol. Entiende la idea?. Esto solo se ha vuelto más importante desde que introdujeron el concepto de poder seguir solo los hashtags, lo que significa que las mejores publicaciones del hashtag terminan en su feed. Esto podría llevar a más acciones para usted si usa los hashtags correctamente.

El tipo de hashtags que use realmente dependerá del tipo de cuenta que es y del tipo de seguidores que quiere ganar. Si su objetivo es obtener la mayor participación posible, debe elegir los hashtags más populares en el espacio en el que opera su empresa. Pero, si desea más seguidores a largo plazo y clientes leales, debería apuntar a hashtags más específicos (por ejemplo, si usted es un negocio local al que solo se puede acceder en esa área, marque su ciudad). Cada publicación de Instagram tiene un límite de 30 hashtags, y las historias tienen un límite de 10. Úsalos todos, pero siempre asegúrate de que realmente tengan sentido con la publicación.

Algunos consejos de hashtag:

- Para hacerlo más fácil para usted, cree una nota en una aplicación de notas en su teléfono para poder copiarla y pegarla en su publicación.
- Si su empresa tiene un hashtag que desea que usen sus seguidores, utilícelo. Si quiere el máximo impacto, úselo en su título.
- ¿Desea colocar los 30 hashtags y desea compartirlos en otras plataformas pero no quiere que los hashtags hagan que la publicación parezca demasiado hashtaggy? En su lugar, comentar los hashtags, tiene el mismo efecto.

En caso de que esté en blanco, aquí hay algunos hashtags divididos en categorías que puede usar. No se puede usar cada uno de ellos para cada publicación, en esta categoría. Cada vez que use hashtags, debe encajar en la publicación individual, así que tenga cuidado con lo que usas. Evite simplemente copiar y pegar desde un sitio web.

Comida: #foodie, #foodporn, #food, #foodgasm, #yummy, #yum, #goodeats, #eatingfortheinsta, #chefmode, #hungry, #cleaneating, #instagood, #delicious, #eating, #eating, # sweet, #breakfast, #lunch, #dinner, #delish, #tasty, #nomnom, #eatingright, #ilovefood, #iloveeating, #foodgrammers, #foodgram

Viajes: #travelgram, #travel, #traveltheworld, #instatravel, #travelgram, #theworld, #traveltheglobe, #instagramtravelers, #worldtravelers, #travelingtheworld, #ilovetravel, #traveling, #globetrotter, #beach, #city, #view, #backpackerlife, #backpacker

Fitness: #fitness, #instafit, #getmoving, #heath, #healthyeating, #fitnessmodel, #motivation, #healthyfood, #fit, #instahealth, #healthychoices, # workout, #bodybuilding, #cardio, #gym, #active #strong, #lifestyle

Historias

Las historias (o stories) son una adición relativamente nueva a Instagram en los últimos años. Las historias de Instagram fueron vistas como un obvio plagio de Snapchat, que popularizó la idea. Pero la gente lo usó de todos modos, y ahora todos los días se publican más de 300 millones de historias, y una de cada cinco recibe un mensaje directo. Esto es enorme.

Aún mejor, ya que desaparecen después de 24 horas, son un excelente lugar para promocionar ofertas de un día o llamar la atención sobre contenido nuevo en el mismo estilo que Twitter hace sin que se haga cargo de su feed.

Las historias también son un gran lugar para agregar personalidad a su marca. En las historias, realmente puede mostrar de qué se trata su marca. Puede agregar hashtags, stickers, y enlaces. Una característica brillante que se ha agregado muy recientemente son las encuestas.

En él, puedes hacer preguntas a sus seguidores y obtener respuestas. Esta es una forma directa de preguntarles a sus seguidores qué es lo que quieren de usted y, mejor aún, obtener mucho compromiso.

Ideas para Historias

- Entre bastidores. ¿Ocurre algo en su empresa que le emocione? ¿Hay algunos momentos detrás de escena que cree que sus seguidores deberían ver? Lleve a sus seguidores a lo largo del día y añada algo de autenticidad real a su empresa. Mostrar la realidad es algo muy positivo.

- Promoción. Usted tiene una venta de un día, y necesita hablar de ello. Su nuevo post está listo. Las historias son un gran lugar para la promoción debido a su fórmula que desaparecen.
- Adquisiciones. Si tiene un influencer que trabaja regularmente con usted, haga que se apodere de su historia por unas horas. Esta es una gran idea tanto para usted como para el influencer: llama la atención tanto para usted como para ellos.
- Preguntas y respuestas. Esta es otra función de Instagram en la que puede decirle a sus seguidores que le hagan preguntas sobre; usted, la empresa, tipos de productos y puede responder en sus historias.

Highlights

Highlights es una función en la que puede organizar los mejores momentos de su historia en rollos de mayor nivel y de fácil acceso. Los puntos destacados son un excelente lugar para poner cualquier cosa que no pueda poner en su biografía.

Ideas para Highlights

- Preguntas y respuestas destacadas. ¿Tiene alguna pregunta que siempre le hagan sus seguidores? Un FAQ de Preguntas frecuentes proporciona un lugar donde puede colocar todas sus preguntas en un espacio fácil de encontrar.
- Entre bastidores. Si tiene algunas imágenes geniales que realmente aumentan la realidad y la autenticidad de su empresa, como mostrar a sus empleados o la forma en que se fabrica un producto, póngalo ahí.
- Sobre nosotros. Cualquier cosa que no pueda incluir en la biografía es importante, como el historial de la empresa, sus empleados, todos los productos que tiene o clientes increíbles, que también deberían estar en un lugar destacado.

Instagram se usa mejor cuando una compañía es especialmente visual. Es todo acerca de la parte visual, recuerde eso. Feliz Gramming!

Capítulo 8: Marketing de Twitter

Twitter es realmente donde comenzó la idea de que las marcas estuvieran en las redes sociales. Fue la primera red de medios sociales en la que las personas podían comunicarse directamente con sus marcas favoritas y se hicieron muy populares. Twitter se lanzó en 2006 y ha acumulado alrededor de 330 millones de usuarios activos.

Realmente se comenzó a comunicar con las marcas a través de celebridades. Celebridades como Lindsay Lohan, Paris Hilton e incluso políticos como Barack Obama se dieron cuenta de que podían comunicarse directamente con sus seguidores en Twitter. En Twitter, el terreno es parejo; un fan puede twittear a su celebridad favorita y obtener una respuesta. Las marcas se dieron cuenta de que se trataba de un buen modelo de negocio y siguieron su ejemplo.

Hoy en día, Twitter es a menudo considerado como una de las mejores plataformas para generar engagement. ¿Por qué?

Bueno, se remonta al punto común. En muchas marcas de tweets como Denny's, LinkedIn y JetBlue Airlines, encontrará que se comunican constantemente con los clientes, ya sea que les estén enviando un tweet a ellos, retuiteando historias de éxito o haciendo preguntas a sus seguidores sobre sus vidas cotidianas. En Twitter, no pasa horas de servicio al cliente: solo envía un tweet directamente a la fuente. Muchos sitios de redes sociales como Facebook han implementado esto en su página de negocios (en Facebook, por ejemplo, puedes publicar en el muro de una empresa), pero Twitter es el lugar al que debe ir.

Su base de usuarios es increíblemente diversa. A diferencia de la mayoría de las redes sociales, donde la proporción de hombres y mujeres suele tener una gran brecha, la de Twitter es literalmente de 50/50. Es especialmente popular entre los millennials. El 36% de los estadounidenses de 18 a 29 años de edad usa Twitter, y el propio Twitter afirma que el 80% de su base de usuarios son millennials. El 28% de las personas con títulos universitarios utilizan Twitter. También es muy global: el 79% de su base de usuarios no está en los Estados Unidos.

Twitter prospera en cosas que específicamente apoyan y fomentan el engagement. Cosas como fotos, hashtags y números (tweets que contienen estadísticas o puntajes deportivos). También tienen una característica donde puede encuestar a sus seguidores. Incluso se ha sabido que las marcas se comunican y se burlan unas de otras, atrayendo la atención de ambas marcas y comenzando el engagement entre los seguidores.

Y lo más importante es que: es en tiempo real y es rápido. Twitter se construyó específicamente sobre la idea de "¿qué está pasando en mi vida y en el mundo en este momento?" En él, puede compartir actualizaciones rápidas sobre proyectos, hablar sobre lo que está sucediendo en su día y hacer preguntas a sus seguidores en una fórmula rápida y fácil. El límite de 260 caracteres en realidad funciona en su beneficio: cuanto más corto es un tweet, mayor es la participación.

Twitter es adecuado para usted? Sí, así es. Twitter puede funcionar para casi cualquier negocio, ya sea una marca local o una cadena de marcas multimillonaria. El único problema es si sus clientes están o no en Twitter, y bueno, probablemente lo estén.

Cómo Usar su Twitter

Construyendo su Perfil

Crear su perfil de Twitter es una tarea simple, y es un buen lugar para acostumbrarse a deshacerse de todo. La parte más difícil de cualquier perfil en Twitter es la biografía. Solo tiene 160 caracteres, y tiene que encajar todo lo que quiere decir. Puede ser difícil. Su biografía debe ser memorable,

atraer seguidores y expresar realmente todo lo que es. No
se preocupe por escribir la biografía perfecta: rara vez lo
entenderá bien en el primer intento.

Utilice palabras clave. Asegúrese de ser específico en lo
que hace exactamente en su biografía. No tiene que ser una
oración larga, puede ser solo el título o lo que hace. Incluso
podría hacer referencia al año desde que lo ha estado
haciendo. Piense: "vendiendo papas desde 2003". Esto
significa que la gente buscará "papas".

Ponga su slogan en su biografía. Esto es obvio. Si tiene
un slogan, asegúrese de incluirlo en su biografía. Casi
siempre será el mensaje exacto en el que se basa su negocio.

Ser personal. La personalidad es todo. Tiene que salir
siendo auténtico y transparente. Pero lo más importante es
que debe hacer que sus seguidores se sientan como si lo
siguieran, como parte de una comunidad. Por ejemplo, si
vende maquillaje y otros productos de belleza, algo como
"¡Los gurús de belleza se unen!" trae una sonrisa a la cara
de un posible seguidor y lo hace sentir como si estuviera
hablando directamente con ellos.

Use el humor. Muchas empresas utilizarán el humor en
su biografía para atraer a las personas a mirar más de cerca
su perfil. Esto no es necesario, pero se muestra para
aumentar los seguidores. Consejo: si tiene un chiste interno

que solo lo entienden las personas que han sabido de usted durante mucho tiempo y que es fácil de usar, úselo.

Uno o dos hashtags no duelen. Los hashtags son la forma en que Twitter clasifica a los usuarios y los tweets según las categorías. Usar un hashtag no solo lo coloca en esa categoría, sino que también fomenta el compromiso. Simplemente no haga sus bio hashtags completos. Solo las palabras clave de la categoría en la que quiere caer.

Enviando Tweets

La regla general de los tweets en Twitter es la siguiente: cuanto más twittea, más seguidores obtendrá. El feed de Twitter se mueve y cambia constantemente porque se trata de estar en el presente. Si bien tienen una función de "resaltado" en la que cuando inicias sesión en Twitter, se muestran los tweets con más interacciones en su feed, que rápidamente vuelve a eso "en el ahora", el feed se mueve constantemente.

Esto significa que incluso si todos sus seguidores ingresan todos los días, es posible que no vean su tweet. Para aprovechar al máximo esto, probablemente deberías twittear de 5 a 20 veces al día y hacerlo durante todo el día. Twitter es increíblemente global, por lo que cuando son las 6 a.m. para usted podría ser las 5 p.m. para uno de sus seguidores. Algunos de estos tweets pueden ser retweets, así que no se preocupe ni se sienta abrumado.

Participe con sus seguidores. A veces ve marcas donde todo lo que hacen es publicar anuncios y enlaces. No es así como debe usar Twitter. Haga preguntas a sus seguidores, responda a sus preguntas y retwittee a menudo.

Tweetee sobre lo que está pasando en el ahora. Twitter tiene un gran sistema donde puede ver las tendencias en Twitter. Estas cosas pueden ser chistes, eventos actuales o historias. ¡Twittee sobre ello, usando los hashtags apropiados!

Algo para tener en cuenta, y en realidad es bastante importante, es que Twitter, a pesar de que muchos usuarios lo solicitan, aún tiene que agregar una función de edición. Por lo tanto, asegúrese de revisar siempre cuidadosamente sus tweets para evitar tener que eliminar algo o, lo que es peor, que sus fans lo revisen y lo señalen. Pero si esto sucede (no es perfecto), siga adelante. Humanice su marca.

Retwiteando

Retwittear es básicamente solo compartir, como en Facebook, pero en Twitter. Puede retuitear a sus seguidores, a las empresas que admira o a las cosas que resuenen con usted y con su marca. Tiene la opción de añadir algo al tweet o no. Incluso puede retuitearse, actualizar a sus seguidores sobre algo que sucedió antes o llamar la atención sobre una oferta especial que está sucediendo.

Siguiendo

En Twitter, la gente puede ver a quién sigue. Pueden consultar su lista de personas a las que sigue para buscar más personas a las que seguir o simplemente para tener una idea de qué tipo de personas desean ver en su feed. Siga a las personas con las que realmente quiere hablar en la vida real.

Antes de que empiece a seguir las cuentas de Twitter, debería intentar tuitear varias veces antes de hacerlo. Eso significa que si sigue a alguien y revisan su cuenta, tendrán una idea de cuál es su marca solo por sus tweets. No solo un agujero negro vacío porque aún no ha comenzado. Siempre debe tener algo que mostrar al salir de la puerta.

Listas de Twitter

Las listas de Twitter son una de las herramientas menos utilizadas en Twitter, y es una pena no considerar su utilidad. Para explicarlo en los términos más simples posibles, son básicamente listas de cuentas suyas, organizadas por categoría. Puede crear listas y seguir las listas que le gusten. Tienen un límite de 5.000 personas.

Puede separar sus listas en muchas categorías, el límite es el cielo, y aquí hay algunas ideas:

Geografía: si usted es tiene un negocio que solo está disponible en un lugar, como una tienda o un café, puede organizar listas basadas en otros negocios en su área. Puede usarlos para hacer un seguimiento de lo que está sucediendo a nivel local.

Gente a la que admira: si tiene personas con la que se identifica, si cree que sus perfiles son realmente geniales, si le gustan las ideas que publican, pongalas todas juntas. De esta manera, puede participar activamente en la conversación y obtener algunas ideas sobre cómo iniciar la conversación.

Su industria: siempre debe mantenerse al día con las personas que también son parte de su industria o que tienen un negocio similar al suyo. Puede mantenerse informado sobre lo que está sucediendo, obtener ideas para su propio negocio y establecer conexiones en su industria.

Tweets anclados

Los tweets anclados son tweets que se anclan en la parte superior de su perfil. Se pueden cambiar cada pocas semanas o cada pocos años. Realmente debería ser lo más importante que pueda decir sobre usted en ese mismo momento. Puede twittear sobre un evento o una venta que está realizando y luego colocarlo en la parte superior de su perfil. Eso significa que cuando alguien visite su perfil, será lo primero que vea. Si encuentra valor en eso, úselo.

Hashtags

Los Hashtags, que son un elemento básico en casi todos los sitios de redes sociales en el mundo de hoy, comenzaron en Twitter. Fueron concebidos como una forma de mantener a los usuarios de Twitter y sus tweets en categorías. Twitter, hasta el momento, no ha implementado una forma de seguir los hashtags, pero es probable que llegue. Especialmente desde que Instagram lo ha puesto en uso.

Debido a que solo tiene 240 caracteres, no puede usar muchos hashtags, a diferencia de Instagram, donde puede poner 30 y aparte escribir un título. Solo use uno o dos, y construya el tweet alrededor de ellos, o agréguelos al final. Un truco que muchas marcas hacen para mantenerse en el momento y ser relevantes es comprobar qué hashtags tienen tendencia y usarlos.

En general, Twitter es una plataforma poderosa y fácil de usar. Es un sitio de redes sociales que se usa mejor junto con uno o dos más y es un gran lugar para interactuar directamente con sus clientes. Puede seguir las tendencias y ver de qué debería estar hablando, ahora mismo. Feliz tweeting!

Capítulo 9: Marketing de YouTube

YouTube es la mejor plataforma para compartir videos. Se lanzó en 2005 y rápidamente se convirtió en uno de los elementos básicos de Internet. Gracias a este crecimiento extremadamente rápido, fue comprado por Google en 2006. Todavía es uno de los sitios web más populares del mundo. YouTube ocupa el segundo lugar después de Facebook en términos de usuarios mensuales, con 1.8 mil millones de usuarios cada mes. En esto ni siquiera se cuenta a las personas que no tienen cuentas, ya que no es necesario si solo desea ver videos en lugar de comentar, suscribirse y demás.

Los videos son el formato más comprometido de publicación online. Es más probable que le gusten, comenten y compartan. Los videos requieren muy poco esfuerzo para prestar atención y pueden captar la atención en un segundo.

YouTube es la única red de medios sociales que realmente no cuenta como una red de medios sociales, a pesar de ser referida constantemente como tal. YouTube es más un motor de búsqueda, el segundo más utilizado en el mundo, después de Google.

Mientras que en las redes sociales, las publicaciones
generalmente desaparecen y se olvidan cuando ya no son
relevantes, YouTube es diferente porque cualquier persona
puede escribir la frase clave en la barra de búsqueda de
Google o en la barra de búsqueda de YouTube, y aún así
aparecerá.

Digamos que alguien publica un video sobre el dibujo de
figuras humanas. Si alguien escribe en la barra de búsqueda
"cómo dibujar figuras humanas", su video se mostrará, no
importa la edad que tenga. Lo único que realmente afecta el
orden de los videos es la participación del video y en función
de las búsquedas anteriores del usuario.

A diferencia de una publicación en redes sociales, la
mayoría de las cuales desaparecerá en la parte inferior de
su página después de un cierto tiempo, YouTube no tiene
este algoritmo. Su sugerencia de feed se basa en lo que ha
visto en el pasado, sin importar cuánto tiempo haya estado
en el sitio. Esto significa que si decide comenzar a usarlo
como un lugar para la comercialización, no tiene que
repetirse tanto como lo haría en otra página de redes
sociales. Lo que puede hacer es seguir publicando
constantemente los enlaces de video a sus otras páginas.

YouTube puede requerir mucha dedicación, especialmente
si planea usar solo YouTube (no se recomienda). No solo

por el hecho de que si planea hacerlo todo el tiempo en lugar de un video ocasional, sino que también no obtendrá suscriptores. Es porque hay mucho más esfuerzo involucrado en hacer videos simplificados, bien editados y bien escritos. El buen contenido es importante, especialmente en YouTube, porque cada minuto, se cargan 400 horas de video en el sitio. Su contenido debe estar bien organizado para sobresalir, por lo que un poco de práctica con un sistema de edición probablemente no sería una mala idea.

A pesar de todo este arduo trabajo, YouTube es una gran adición a cualquier campaña de marketing. Fluye bien con la mayoría de las otras redes sociales, y como es un motor de búsqueda, no tiene que estar inventando constantemente nuevos contenidos (si su objetivo no es conseguir muchos suscriptores). Lo importante es simplemente llamar la atención en sus otras páginas.

YouTube está dirigido literalmente a todo el mundo. En su esencia, es una plataforma de video. Hay algo para todos: ¿quién no ama los videos? Realmente no importa lo que le interese, sea ver o construir un negocio, es probable que lo encuentre. Y si no lo hace, es mejor para usted, ¿no es así? Estaria sin competencia. Esto se debe a que esta diversidad en sus usuarios y contenido es la razón por la cual es tan valiosa para los profesionales de marketing y por la que al menos debería considerar agregarla a su estrategia.

En términos de economía, los videos de YouTube no deberían costar mucho. Si su teléfono tiene una buena cámara, úselo o pídalo prestado a un amigo. No se necesitan equipos estándar de la industria para hacerlos. Mientras se concentre en que se vea bien, no importa cómo se haga. Mientras esté haciendo contenido de calidad, que se pueda ver y compartir, a nadie le importa cuánto cuesta hacerlo.

El lugar más valioso para usar YouTube es junto con otros sitios de redes sociales como Twitter y Facebook. El solo uso de YouTube puede llevarlo directamente a una pared de ladrillos y hacer que se sienta frustrado. Si ya tiene una página o páginas en otros sitios de redes sociales, asegúrese de promocionar sus videos de YouTube en ellos.

Armando su Canal

Organizar un canal de YouTube es bastante simple de hacer. El sitio web hace un gran trabajo al guiarlo a través de él, y con un poco de exploración, será un maestro.

Sección Acerca de

La sección Acerca de es a menudo pasada por alto y no recibe tanta atención como debería en YouTube. Esto se debe principalmente a que cuando mira el perfil de alguien, está oculto en otra pestaña, en lugar de justo en el frente, en contraste con la mayoría de las otras redes de medios sociales donde está justo en el frente.

Si bien el límite de caracteres no es tan estrecho como el de otros, aún debería ser corto, eficaz y simple. Trátelo como si solo tuviera 100 caracteres, y solo ponga las cosas más importantes allí. Diga lo que hace, su mensaje y sus metas. No tiene que usar hashtags.

Al final de su descripción, no olvide agregar todos los enlaces a sus otras páginas de redes sociales, y si también tiene un sitio web. YouTube permite hasta 5 enlaces, lo que debería ser suficiente. Incluso puede personalizar hipervínculos de hasta 30 caracteres. También debe considerar poner el correo electrónico de su empresa, en caso de que haya personas que quieran colaborar con usted.

Su Portada y su Imagen de Perfil

Mantenga su imagen de perfil y su imagen de portada simples. Su logotipo puede actuar como su imagen de perfil, y para su imagen de portada, considere una imagen grande con su eslogan o una pequeña descripción de quién es usted. Mantenerlo simple, al menos al principio, es una buena apuesta. Sólo asegúrese de que sea visualmente agradable.

Su Tráiler de YouTube

YouTube en realidad le permite elegir un video para ponerlo en la parte delantera y central de su página. Una idea es armar un tráiler, clips y cosas juntas para mostrar realmente de qué se trata su canal. Para empezar, debe poner su mejor trabajo allí. El mejor video que tenga, el que mejor represente a su empresa y a su canal debería ser el primer video que vean sus clientes potenciales.

Haciendo sus Videos

Asegúrese de que cada video sea único, pero que se ajuste al mismo tema que su marca. Mantenga una lista de ideas de video y filtre las mejores. Mire otros videos, de buena calidad, que estén en el mismo nicho que usted. Y cuando planee levantar una cámara y comenzar a filmar, tener un plan nunca es algo malo.

No es caro hacer un video de YouTube de buena calidad. En realidad, lo único que necesita es una cámara, un trípode y un editor. Un guión también es una buena idea, anotar exactamente lo que dice y lo que quiere cubrir en el video. Entre en el video sabiendo exactamente lo que quiere decir. Además, no olvide la iluminación. Si puede, párese frente a una ventana donde entra la luz natural y filme con eso. Si no puede, hay algunos excelentes tutoriales sobre cómo hacer iluminación de bricolaje.

Termine el video con una llamada a la acción. No solo termine el video con un simple 'adiós'. Asegúrese de decirles que se suscriban, dígales dónde pueden encontrar los productos que usa en el video, y que deberían comentar a continuación, decirle lo que piensan y que les gusta el video. Aliente la crítica constructiva, y pregúnteles qué quieren después. Esto fomentará el compromiso.

Títulos, Descripciones y Palabras Clave

Los títulos son importantes en YouTube. Al igual que cuando se busca en Google una pregunta, y los sitios web aparecen con esa pregunta exacta como título, YouTube hará lo mismo. El tema de su video debe estar en su título en un 110%.

Las descripciones también son otro gran lugar para poner palabras clave, pero las mejores palabras clave deben sin duda ir a sus títulos. Las descripciones no deben ser demasiado largas, al igual que la sección Sobre Mí. Trate de mantenerlo bien escrito y evite los errores de ortografía y gramática. Esa es la forma más fácil para que la gente no lo considere como un profesional.

Probablemente el factor que más se pasa por alto en la mayoría de los principiantes en YouTube es la miniatura, la página de título de sus videos de YouTube. ¡Las primeras impresiones importan! A la gente le gusta decir: "No juzgues un libro por su portada", pero eso no es un factor en términos de redes sociales. Asegúrese de que su miniatura esté pulida, tenga el título en la imagen y esté bien iluminada y enfocada. La miniatura de su video debe sobresalir, y lucir bien. Controlarla y pulirla es una buena manera de hacerlo.

Promoción

Como se indicó anteriormente, debe promocionar su canal en todas las redes sociales. Si YouTube se va a convertir en un elemento básico de su campaña de marketing, esto es esencial. Aproveche al máximo ese botón de compartir y asegúrese de informar a sus seguidores cuando esté publicando un nuevo video. YouTube realmente no funciona como un dispositivo independiente, como algo que utiliza en modo singular. Funciona mucho mejor como compañero de otra cosa.

Pero, a medida que más y más plataformas trabajan para agregar transmisión de video y contenido en sus plataformas, como Instagram con IGTV y Facebook con su contenido de video, se puede usar cada vez menos. Téngalo algo a considerar.

Algunos Consejos Básicos

Si realmente planea usar YouTube para crecer, va a requerir algo de dedicación y trabajo duro. YouTube es contenido totalmente de video, lo que puede llevar una cantidad de tiempo considerablemente mayor que otras plataformas. Recuerde esto antes de decidir que es la mejor opción.

1) El mejor momento para publicar contenido es entre las 12 de la noche y las 4 de la tarde de lunes a viernes y de 9 a 11 a.m. Puede programar videos para que se hagan públicos en estos momentos si no quiere pensar en eso.

2) Promocione constantemente sus videos en otras plataformas. Tweetee sobre ellos. Hable de ellos en su historia de Instagram, o ponga un pequeño clip en ella como un adicional. Haga una publicación en Facebook describiéndolos. Realmente lo ayuda.

3) Publicar al menos de 5 a 10 videos antes de hacer esto. Esto hará que sea como si realmente supiera lo que estás haciendo y que muestre dedicación.

4) Sea consistente con el contenido. Siempre debe tener ciertos horarios para publicar, como todos los miércoles a las 2 PM, por ejemplo. Si realmente desea que su canal crezca. Publicar contenido de buena calidad en un horario regular tiene muchas

más posibilidades que publicar un video en un horario aleatorio y cada ocho meses.

5) Elija el contenido que puede hacerlo de modo regular. Si está haciendo videos que demoran 2 meses, no va a obtener mucho crecimiento. Cree una fórmula donde pueda armar fácilmente al menos un video a la semana.

6) Promocione al final de su video. Hable de su canal, pídales que se suscriban y participen con el video si les gusta o comentan. Piense un poco en el lugar donde la persona que están viendo, querrían ir después de ver este video y recomiende uno de los suyos.

Tipos de Videos

Tutoriales: ¿Tiene un producto? Muéstreles cómo usarlo, o configúralo. Si su servicio está ofreciendo un servicio, ¡muéstreles cómo puede afectar sus vidas!

Preguntas y Respuestas: si tiene preguntas que siempre se las hacen, contéstelas en un video. Haga de ese su video destacado si solo responde a lo básico.

Listicles: Básicamente, solo piense en "Top Tens". Como "Las 10 formas principales de usar su producto" o "5 razones por las que lo necesita".

Detrás de Escena: esta es una excelente manera de humanizar su marca y demostrar que es más que un simple producto. Todos ustedes son humanos, todos trabajan arduamente y todos disfrutan lo que hacen. Muéstrele esto a tus fans y parecerá más real.

Vlogs : Muéstreles cómo es el día de trabajo en su negocio. Hable con la cámara y llévela con usted todo el día, simplemente siguiendo un día normal. Si usted mismo no quiere hacer esto, hágalo con uno de sus empleados (si lo tiene).

YouTube Analytics

Una vez que cree un video de alta calidad y encuentre todas sus palabras clave, es hora de aprender acerca de YouTube Analytics. YouTube le proporciona toda la información para ver qué tipo de videos obtienen la mayor cantidad de visitas y participación, a qué tipo de videos se suscriben los usuarios, y más. Puede aprender mucho sobre su canal y lo que funciona en él.

En YouTube Analytics, puede ver todo sobre tus espectadores, desde el tiempo que permanecen en sus videos, hasta sus características demográficas. Se desglosa donde las personas están viendo sus videos, dónde los están encontrando y en qué dispositivo los están viendo.

Con esta información, puede averiguar exactamente qué funciona y qué no. Es una herramienta valiosa que no debe pasar desapercibida. Haz un buen uso de esto, y tu canal de YouTube prosperará.

Capítulo 10: SnapChat

Si quieres apuntar a los jóvenes, SnapChat es el camino a seguir.

Snapchat es una aplicación, tanto para Apple como para Android, que se usa para fotos/mensajes de texto/video, y la idea es notablemente simple: envía la foto, el mensaje de texto o el video, y luego, después de cierto tiempo, desaparece. . Esta aplicación es más popular entre las personas de 18 a 34 años. Los adolescentes se sienten especialmente atraídos por la aplicación, con un 47% pensando que es mejor que Facebook.

Si bien en el papel, esta idea parece casi una tontería, en realidad se "rió del aula" la primera vez que se lanzó en 2011. Snapchat es el más famoso por esta característica que "desaparece". Esta característica es lo que hace o rompe los esquemas de la aplicación para la mayoría de sus usuarios potenciales. Pero, irónicamente, ahí no es donde Snapchat ha experimentado el mayor éxito, y esa no es la función que "toman prestadas" otras redes de medios sociales como Instagram y Facebook.

Por supuesto, esta es la característica de la historia.

La idea general del filtro en la historia es contar una historia sobre su día, y desaparece después de 24 horas. Esto es especialmente bueno para las empresas que realizan muchos concursos y ofertas especiales. Por ejemplo, puede publicar un código de cupón en su historia, pero si desaparece después de 24 horas, es mucho más probable que sus clientes hagan una compra impulsiva.

Snapchat es una aplicación utilizada principalmente por los jóvenes, por lo que si tiene un producto cuya base es principalmente adolescentes o adultos jóvenes, Snapchat es una buena opción. La marca de Snapchat tiene que ver con lo que está sucediendo en el presente, la espontaneidad y la creatividad, y tiene una energía lúdica y sociable. Si su marca cae en alguna de estas categorías, Snapchat es definitivamente para usted.

Salir Sin Filtrar

Snapchat tiene que ver con el momento, en el tiempo, entre amigos. Es una plataforma para la diversión. Sus historias y publicaciones deben reconocer esto. Deben estar llenos de momentos divertidos, espontáneos y divertidos, cosas por las que la gente elige Snapchat. Si bien muchas otras redes sociales tienen un lado serio, Snapchat tiene que ver con la diversión. Al demostrar que también eres divertido, puede establecer una conexión más profunda con sus seguidores e inspirar lealtad mostrándose auténtico.

Las experiencias personales también tienen una marca gigante con los usuarios de Snapchat. El lanzamiento de una marca sin rostro no será tan exitoso como lo sería en una red de medios sociales como Pinterest. Snapchat tiene que ver con estar conectado y hacer que los momentos cuenten con sus amigos. Su marca necesita adaptarse a esa idea.

Cuando tome fotos, sea tonto en ellas. Agregue emojis, dibuje en ellos, use filtros. Snapchat debe ser divertido, y su historia de Snapchat debería reflejar eso. Recuerde que la mayoría de las personas que usan Snapchat son adolescentes. Está apelando a ellos y debería ponerse en su nivel.

Publicando

Snapchat viene con una tonelada de filtros tontos y pegatinas divertidas para agregar a sus fotos. También puede escribir mensajes, mostrar la hora y usar el modo de ubicación. Pueden ser divertidos para agregar a sus imágenes. ¡Sea creativo!

Si está un poco perdido en cuanto a lo que debería publicar exactamente en su historia, tome en consideración algunas de estas sugerencias. ¡Podrían ayudarlo a crear sus propias ideas únicas!

1) Revele los momentos tras bambalinas. Por momentos tras bambalinas, me refiero a los divertidos, tontos. Los que lastiman sus tripas riendo. Pídale a alguien que visite el lugar donde se basa el negocio y pídales que hablen en detalle, presentando a sus seguidores a todos los empleados para los que trabaja la compañía. Muestre a las personas que trabajan arduamente todos los días para hacer que este negocio sea tan increíble como lo es.

2) Considere tomar posesión de la cuenta. Las adquisiciones de cuentas son divertidas y son mutuamente beneficiosas. Lo que debe hacer es elegir un factor de influencia que refleje su marca y se apoderen de su feed de Snapchat durante un tiempo determinado, ya sea por horas o días (esto también se puede hacer con Instagram). Esta es una asociación que realmente va en ambos sentidos: llama la atención a su marca por parte de los seguidores del influencer, y llama la atención de sus seguidores. Ganar-ganar

3) Códigos promocionales. La naturaleza de Snapchat lo hace ideal para anuncios de ofertas o eventos por tiempo limitado. Desaparecerá en 24 horas y, una vez que desaparezca, dejará de ser válido. Si está

teniendo una venta o una oferta, ese es un gran lugar para ponerlo, ya que solo las personas que vieron esa historia pueden aprovecharla.

4) Ponga información en su historia que no puedan obtener en ningún otro lugar. Noticias exclusivas. Hechos sobre los próximos proyectos. Compartir información como esta no solo es una excelente manera de hacer que sus seguidores se sientan como si estuvieran en el circuito y que sean los primeros en saberlo, sino que también alentará a otros a buscarlo y seguir para hacerlo sentir como si fueran parte de ese grupo ¡Sus seguidores son las mejores personas del mundo, merecen ese contenido exclusivo!

5) La relevancia es su amiga. Hablar sobre temas de actualidad. Cosas que están sucediendo ahora mismo. Eso puede ser cualquier cosa, desde un meme tonto que se ha hecho popular recientemente o algo que es importante en las noticias en este momento. Hablar sobre temas relevantes demuestra que está realmente en contacto con el mundo. Solo asegúrese de que de alguna manera se relacione con su marca y que sus seguidores realmente esperen que usted hable sobre ello.

6) Promoción de eventos. Si hay un evento por venir, inícielo en Snapchat. Cuando esté en el evento,

comparta la aplicación con varias personas diferentes para que puedan obtener el evento desde todos los ángulos diferentes de la historia.

Cosas a Considerar

Si algo está relacionado con su marca de alguna manera, hagalo seriamente. ¿Va a una cita? ¿Conoce a alguien con quien trabaja la compañía? Tiene una sesión de fotos. Sus seguidores deben estar allí para cada paso del camino.

No se preocupe demasiado por ser perfecto. Snapchat es diferente de Instagram en que no se trata del factor de la perfección. Snapchat, trata de lo que está pasando en el momento. Nadie es perfecto en todo momento. Simplemente no es posible. Se trata de estos momentos humanos en los que todas sus grietas están expuestas y solo la está pasando bien. Su marca será más relevante si publica sus errores graciosos y vergonzosos tanto como lo hace con sus éxitos.

Mantengalos cortos. Sus instantáneas deben ser clips cortos de su vida, no un reality show de televisión. No es una Kardashian. Debería darle una rebanada a sus seguidores, no todo el pastel. Si va a transmitir un evento, simplemente publique fragmentos de lo que sucedió. Si realmente desea publicar un video completo, publiquelo en

Snapchat para que luego sea publicado en YouTube y solo publique una pequeña parte de él en su historia. De esa manera, sus fans irán a revisar su página de YouTube, generando más vistas para usted.

Asegúrese de compartir su Snapchat con tus otras páginas. Haga una publicación sobre su Snapchat de vez en cuando en sus páginas, y mire cómo la gente la ve. A veces, un pequeño empujón hacia donde quiere que vayan es exactamente lo que necesitan los seguidores potenciales.

La gente puede decir que SnapChat es del pasado, pero simplemente no es cierto. Sigue siendo una plataforma enorme, utilizada por los jóvenes, y no aprovechar eso es una tontería. Feliz Snapping !!!!

Capítulo 11: Marketing de Pinterest

Pinterest en el juego de marketing social a menudo se pasa por alto, lo que es lamentable. Es una plataforma subestimada e increíble para empresas, especialmente si tiene muchos productos diferentes para vender. Lanzado en 2010, ha ganado 200 millones de usuarios activos. En comparación con Facebook, ese número parece pequeño, pero considere esto: el 93% de los usuarios de Pinterest han admitido que usan Pinterest para planificar sus compras, y el 50% de ellos ha realizado una compra a través de un pin promocionado. Estos números deben captar la atención de cualquier vendedor y obtenerlos en el sitio.

La mejor manera de describir Pinterest es un pinboard virtual. Recopila imágenes, videos, artículos y la mayoría de los medios de comunicación en línea en carpetas o "tableros de anuncios". Otros miembros pueden ver sus pines, recopilarlos en sus propios tablones de anuncios, y comentar. También pueden seguirlo, o simplemente tener un tablero individual. Es un gran lugar para obtener inspiración e ideas para su vida.

Pinterest a menudo se confunde con un álbum de recortes visual que la gente reúne para hacerse ilusiones. Pero es más que eso. Es una lista de tareas pendientes. Permite a las personas visualizar lo que quieren que sea su vida. Permite a las personas encontrar ideas sobre formas de hacer esto. Consigue sus objetivos juntos de una manera organizada.

Es exactamente la ilusión la que hace de Pinterest una herramienta de marketing tan poderosa. Los usuarios de Pinterest están buscando cosas para agregar a sus vidas y formas de mejorarlo. Proporciona una representación visual de estas cosas. Básicamente, Pinterest es una tienda departamental gigante, y la gente puede registrarse para obtener lo que quiere. Sus usuarios compran más en el sitio web que los usuarios de cualquier otra red social, incluidos gigantes como Facebook y Twitter.

Pinterest también genera una gran cantidad de tráfico en el sitio web, porque cada pin lleva a su fuente original. Si alguien pinta una receta suya, todos los que los siguen, o el tablero de anuncios, y ven el pin, regresan a su sitio web. Pinterest crea más tráfico de sitios web referidos que YouTube, LinkedIn y Tumblr combinados.

No solo eso, sino que los pinners realmente quieren ver su contenido en su pinboard. El 78% de ellos dice que es útil ver el contenido de las marcas en sus tablones de anuncios, con las categorías principales como artículos de arte y pasatiempos. Quieren ver sus productos. Ellos quieren comprar donde usted.

Si su negocio está relacionado con artesanías y proyectos de bricolaje, o incluso si está vendiendo un producto físico, Pinterest es definitivamente un gran lugar para usted. Pero también es ideal para los blogs de viajes, ya que el 49% de los viajeros en Pinterest dicen que lo usan para planear viajes.

En conclusión, Pinterest puede estar subestimado en cuanto al impacto que tiene en Internet, pero es más probable que sus usuarios le compren. Eso nunca es algo malo en el mundo de los negocios.

Usando Pinterest

Su Perfil

Cuenta de negocios

Es importante recordar que si está creando una cuenta de Pinterest específicamente para uso comercial, entonces absolutamente debe obtener una cuenta comercial. Puede cambiar su configuración. La razón por la cual es que usar una cuenta personal para promocionar sus productos en el sitio en realidad viola sus términos de servicio.

En el futuro, es probable que Pinterest agregue más funciones a sus páginas de negocios, ya que en este momento no son tan diferentes de las cuentas personales. A medida que más y más empresas acuden a Pinterest, Pinterest tendrá más incentivos para hacerlo.

Su Biografía y Foto de Perfil

En su biografía, realmente venda los beneficios de su empresa y utilice palabras clave. Las palabras clave son especialmente importantes en Pinterest porque la gente lo usa para buscar nuevas ideas, al igual que utilizan Google. Asegúrese de vincular su página web principal de negocios u otras plataformas de medios sociales. Si tiene una lista de correo, vincule eso también.

Considere usar su logo para su foto de perfil. Pero, si no quiere usar eso, su imagen de perfil debe girar en torno a un tema relacionado con su marca, ser de buena calidad y de colores brillantes.

Creación de Tableros

Los tableros son las secciones en las que están organizados los pines y son su mayor herramienta de marketing. Por lo general, se crean con un tema en mente. También debe ordenarlos por tipo de producto o servicio que ofrezca. Digamos que usted tiene un negocio de adornos navideños y hace 3 tipos diferentes de adornos en varios colores. Estos deben ser separados en diferentes tableros.

Cuando nombre sus tableros, haga todo lo posible por mantenerlos cortos y eficaces, pero siempre incluya al menos uno de sus tableros. Ejemplo: si su tablero tiene que ver con baby showers, Baby Shower debería ser su título.

Los pinners pueden elegir seguir solo su tablero, en lugar de su perfil real, por lo que pueden ser una herramienta valiosa. Por eso es importante repinarse también. Si es una empresa de cupcakes, no solo debería estar fijando imágenes de sus propios cupcakes. Asegúrese de incluir cupcakes de otras compañías o diseños que quiera probar.

Tipos de tableros a considerar

- Comentarios de los clientes
- Empleados
- Entre bastidores
- Focos de clientes
- Lea todo sobre esto (un montón de artículos relacionados con su negocio que son interesantes e informativos)
- Historias de éxito
- Gráficos
- Citas

Pinning

Pinning es el acto de poner realmente sus clavijas en estas tablas. Cuando fija algo, alrededor del 50% de su fijación debe estar repitiendo el contenido de otras personas. Esto mantiene variados los pines y muestra que siempre está buscando más ideas. Esto también podría dar lugar a un repinning de otras empresas de sus pines a cambio.

Realmente no hay un mal momento para fijar, pero la tarde, entre la 1 de la tarde y las 5 de la tarde, parece funcionar mejor. Cuando fija algo, no olvide completar la descripción y usar palabras clave. Incluya también un llamado a la acción, pidiéndoles a sus seguidores que se repitan o preguntándoles qué piensan.

También debería estar pineando desde sitios web. La mayoría de los sitios web de blogs tienen una opción de anclaje (simplemente haga clic en el logotipo de Pinterest en algún lugar del sitio). Cuando haga esto, asegúrese de elegir una imagen en lugar de solo el texto como la portada de su pin. Este es un error que cometen muchos usuarios principiantes; Pinterest es sobre lo visual, recuerdelo.

Algunos Consejos que Recordar

- Mantengase dentro de su marca. Conoce su nicho y quédese con él. No identifique cosas que no están en

alguna forma o que tengan que hacer algo directamente con su negocio.
- Piense en el estilo de vida. Pinterest se trata de organizar su vida y hacer planes en cuanto a lo que quiere que sea. Su marca debe emitir un cierto estilo de vida.
- Intente no pinchar demasiadas cosas con caras humanas. La investigación muestra que las imágenes abstractas funcionan mejor.

Desafortunadamente, debido a que Pinterest no ha sido realmente explorado como una opción para el uso de las empresas, el lado comercial del potencial de Pinterest no es obvio para mucha gente. Es una verdadera lástima. Sin duda, en base a toda la información que acaba de tener, Pinterest es valioso para el plan de marketing de cualquier empresa.

Capítulo 12: Cosas para Recordar

Hay mucha información en este libro. Probablemente se sienta un poco abrumado. Por lo tanto, este capítulo le indicará cuáles son las cosas más importantes que puede usar y una breve descripción de cómo funciona todo esto.

¿Cuáles son las Cosas Más Importantes para Recordar?

La consistencia. Todo lo que publique en su perfil debe relacionarse directamente con su marca, en alguna forma. La consistencia debe estar en la calidad de sus fotos, la frecuencia con la que publica, la cantidad de veces que publica y en todas partes.

Transparencia. Debe compartir información y fotos detrás de escena, y mostrar realmente la sensación y la cultura del lugar de trabajo. ¿Es uno de los cumpleaños de sus empleados? ¿Tiene tradiciones que siempre realiza en la mañana? Compártalos: humaniza su marca.

Autenticidad. Siempre séa usted mismo. Nunca trate de ser otro. Su negocio y su marca son lo que es usted. Si cree que otra página es mejor que la suya, está bien. Aprenda de ellos. No los copie ciegamente.

Variedad. Siempre esté atento para atraer a sus clientes de formas nuevas y emocionantes. No se quede con la misma fórmula antigua todo el tiempo; manténgase al tanto de las diferentes formas de hacer las cosas, y cámbielas cuando las cosas se pongan obsoletas.

Eventos actuales. Preste atención a lo que está pasando en el mundo. Vea si de alguna manera puede convertir el último hashtag de tendencia en algo que funcione para promocionarse. Participe activamente en la comunidad de la que forma parte su marca y manténgala de manera positiva.

Visualización. Todo debe ser visto en su perfil. Todo debe ser de alta calidad y encajar en un tema de colores. Sin excepciones. Las primeras impresiones realmente importan.

Tener un plan. Plan. Plan. Plan. Siempre debe tener un plan.

Conozca su marca. Si no conoce su marca, volverá a empezar desde cero en cada publicación.

Participar, participar, participar, participar, participar. Nunca oirás lo suficiente cuan importante es. Hable con sus clientes. Le están dando dinero.

Aprenda de sus errores. Esto nos lleva directamente a la siguiente sección.

Errores de Redes Sociales para Evitar

Probablemente no podrá evitar cometer errores en las redes sociales, pero puede leer una lista de los que ya se han hecho.

No tener al menos una idea de en lo que se está metiendo. Conozca su marca. Conozca su producto. Conozca sus metas. Debe saber quién es como empresa. Si no lo hace, chocará contra una pared en algún momento.

No entender sus metas. Es posible que conozca sus objetivos, pero si no sabe exactamente cómo va a llegar allí, va a chocar contra una pared. Para hacer esto, cree un plan paso a paso, e investigue para tener metas alcanzables. Haga un plan paso a paso sobre cómo llegará allí.

Tener altas expectativas. No, su primera publicación no se volverá viral y no tendrá un millón de seguidores durante la noche. El marketing en redes sociales es un maratón, no un sprint.

No humanizar a sus clientes. Sus clientes son más que solo personas para exprimir dinero. Son seres humanos con familias, metas y ganas de mejorar su vida. Tiene que apelar a ese lado de ellos y demostrarles que puede mejorar su vida. Para hacer esto bien, debe escuchar sus comentarios y utilizarlos.

No pensar antes de publicar. Corregir. Compruebe dos veces sus fuentes. Asegúrese de que todo es de alta calidad. Sea inteligente antes de publicar.

Siendo sordo. Piénselo de esta manera. Si la casa de alguien se estuviera quemando y usted fuera carpintero, ¿se acercaría a ellos y les entregaría su tarjeta de presentación? Si va a publicar sobre algo que es tendencia, asegúrese de investigarlo primero, para asegurarse de que su publicación refleje el tono del evento.

Compartiendo demasiado. Esto se llama TMI: Demasiada información. Algunas cosas son mejor dejarlas sin decir y en privado. Si algo realmente negativo sucedió en su empresa hoy, su audiencia no necesita saber esto. Solo diríjalo directamente si siente que es absolutamente necesario.

Compartir una opinión que no tiene nada que ver con su negocio. Especialmente polémicas (piense en política o polémica). Si quiere salir como profesional, no aísle a parte de su audiencia diciendo algo con lo que podrían estar en desacuerdo de una manera fuerte. Por supuesto, si siente que sus creencias realmente reflejan bien a la compañía, hágalo. Solo tenga cuidado y recuerde que puede perder algunos clientes potenciales.

Cuando cometa un error, no se preocupe. No hay muchos errores en las redes sociales que no se puedan corregir. La mayoría de ellos son muy fáciles de solucionar, ya sea simplemente eliminando la publicación, o incluso a veces pidiendo disculpas si hay una reacción violenta.

Lo más importante es que aprenda de estos errores y tome medidas cuidadosas para asegurarse de que no vuelvan a suceder.

Las redes sociales pueden ser divertidas. Recuérdelo. Puede ser muy divertido comunicarse diariamente con sus clientes, descubrir qué quieren de usted y aprender sobre su base de clientes. Usted agrega más riqueza a su empresa y mejora la relación más importante para cualquier negocio: sus clientes. Son la parte más importante, después de todo.

Conclusión

Gracias por llegar hasta el final de *Marketing en Redes Sociales 2019*. Esperamos que haya sido informativo y que pueda proporcionarle todas las herramientas que necesita para lograr sus objetivos, sean cuales sean.

El siguiente paso es tomar todo lo que ha aprendido en este libro y llevarlo a sus diferentes perfiles de redes sociales. Utilize todos estos consejos y trucos para un uso realmente bueno y haga que su perfil brille. Recuerde que la experimentación es la clave: probablemente no será perfecta las primeras veces que lo haga, y eso es total y completamente correcto. El mejor consejo que puede obtener es seguir intentándolo y tomar nota de lo que funciona y lo que no. Siempre asegúrese de aprender de sus errores. Siempre y cuando siga intentándolo y siga publicando contenido de calidad, estará creciendo.

Siga la información proporcionada en esta guía lo más cerca que pueda, pero no hay vergüenza en la experimentación y en probar cosas que no están escritas en este libro. Recuerde confiar en su instinto ya que usted sabe qué es lo mejor para su empresa, no para mí ni para nadie más. Usted lo sabe.

En esta guía, le expliqué las estrategias y le proporcioné información para ayudarlo a hacer crecer su negocio a través del marketing en redes sociales. Le he dado consejos, le he explicado la importancia de las redes sociales y le he dado ideas para sus publicaciones futuras.

Finalmente, si encuentra que este libro es útil de alguna manera, ¡siempre se agradece una revisión en Amazon!